青少年体育行为发展研究

王　赞　钱　坤◎著

吉林出版集团股份有限公司
全国百佳图书出版单位

图书在版编目（CIP）数据

青少年体育行为发展研究 / 王赞，钱坤著 . -- 长春：吉林出版集团股份有限公司，2023.3

ISBN 978-7-5731-3157-7

Ⅰ．①青… Ⅱ．①王… ②钱… Ⅲ．①青少年—体育运动—研究 Ⅳ．① G808.17

中国国家版本馆 CIP 数据核字 (2023) 第 060087 号

青少年体育行为发展研究

QINGSHAONIAN TIYU XINGWEI FAZHAN YANJIU

著　　者　王　赞　钱　坤
责任编辑　祖　航
封面设计　李　伟
开　　本　710mm × 1000mm　　1/16
字　　数　210 千
印　　张　12.5
版　　次　2024 年 3 月第 1 版
印　　次　2024 年 3 月第 1 次印刷
印　　刷　天津和萱印刷有限公司

出　　版　吉林出版集团股份有限公司
发　　行　吉林出版集团股份有限公司
地　　址　吉林省长春市福祉大路 5788 号
邮　　编　130000
电　　话　0431-81629968
邮　　箱　11915286@qq.com
书　　号　ISBN 978-7-5731-3157-7
定　　价　75.00 元

版权所有　翻印必究

作者简介

王赞 女，辽宁营口人，沈阳体育学院体育教育学院副教授。研究领域：体育教学与训练，主要方向为体操，健美操的教学与训练。

竞技体操运动健将；体操国际级裁判；自由式滑雪空中技巧国家级裁判；硕士研究生导师；首批国家级健身指导员。多年来从事体操、健美操教学与社会指导工作。主持和参与国家级、省部级课题10余项，主编和参编教材两部。发表论文20余篇，其中，在C刊与核心期刊发表学术论文7篇。

钱坤 男，1980年出生，吉林通化人，硕士研究生，沈阳师范大学体育科学学院讲师。研究方向：学校体育学、运动训练学。

主持参与过多项省级课题，参与辽宁省精品资源共享课《足球》课程，发表过20余篇学术论文，担任沈阳师范大学足球队教练员。

前　言

体育与健康教育是实现儿童、青少年全面发展的重要途径，对于促进学生积极参与体育运动，养成健康生活方式，健全人格品质，提升国民综合素质，推动社会文明进步，建设健康中国和体育强国，实现中华民族伟大复兴具有重要的现实和长远意义。

青少年，体格健硕、充满自信、乐于助人，表现良好的礼仪，承担不同角色并认真履行职责，正确对待成败。能将体育运动中养成的良好体育品德迁移到日常学习和生活中，这是体育赋予我们的意义。但一直以来，学校体育发展和学生对体育技能的掌握，以及学生体质健康下降的状况都没有得到很好的解决，体育对青少年的影响没有显现出来。是什么致使一系列的问题得不到解决，社会环境、学校教育、家庭影响、政策导向，或许每个人心中都有自己的答案。

或许是因为自年少时就开始了专业的体育训练，对体育怀着深深的热爱；或许是见证了一届又一届学生对体育技能掌握的现实状况，而对心灵带来的冲击，我从未像现在这般如此地关注青少年的体育发展与身体健康。本书试图从社会生态学的角度去全面梳理青少年体育发展中遇到的困难和问题，注重对实证问题的有效回应，遵循学生身心发展的规律，进一步精选对青少年终身体育发展有价值的体育学习内容给出建议，期望通过体育的习得来促进体育锻炼意识与习惯、健康知识与技能的掌握和运用；在情绪调控、环境适应、远离不良嗜好、预防运动损伤等知识体系中有所认识。同时，本书力求通过学术探讨的方式从多方面提出更好的落实和保障青少年体育发展的建议，相信这些对促进学生在德、智、体、美、劳全面发展方面具有非常重要的参考价值。

本书共六章。第一章为体育与体育行为、学校体育概述，主要阐述了五部分内容，分别为体育发展史，体育的概念、功能及分类，学校体育的目的、任务及途径，体育行为的概述及其分类，学校体育与学生体育行为的关系；第二章为青少年体育事业发展的重要意义，重点对三方面内容进行分析，包括我国学校体育政策性指导文件的颁布、青少年体育事业的发展在强国战略中的显著地位、体育运动（行为）在教育体系中对学生身心发展的全面影响；第三章为国内外体育课及体育竞赛研究综述，分别阐述了国外中学生体育与竞赛行为相关研究述评、国内中学生体育与行为相关研究述评以及我国中学学校体育的现状；第四章为中学生体育行为促进模式的构建，主要阐述了六部分内容，分别为社会生态学理论在促进学生体育行为中的应用、初中生体育行为促进模式要素及假设、初中生体育行为促进指标选取的原则、初中生体育行为促进指标体系构建、初中生“体育行为促进”模式模型的整体结构特点、初中生“体育行为促进”模式模型及相关因素的影响分析；第五章为中学生体育行为的发展与落实，重点论述了三部分内容，中学生体育健康发展政策落实的保证、中学生体育行为促进与发展的实施路径；第六章为体操教学内容对学生体育锻炼的指导，分别阐述了身体素质训练概念、一般身体素质训练与专项训练方法、基本姿态练习。

在撰写本书的过程中，作者得到了许多专家学者的帮助与指导，参考了大量的学术文献，在此表示真挚的感谢。由于作者水平有限，书中难免会有疏漏之处，希望广大同行与读者及时指正。

王赞　钱坤

2022 年 8 月

目　录

第一章　体育与体育行为、学校体育概述

本章为体育与体育行为、学校体育概述，分别包括如下内容：体育发展史，体育的概念、功能及分类，学校体育的目的、任务及途径，体育行为的概述及其分类，学校体育与学生体育行为的关系。

第一节　体育发展史

一、立足整体：中外体育发展史

（一）世界体育发展史

古希腊是一个拥有灿烂文化的时代，这个时期教育思想和哲学思想都得到了空前的发展，而这又促进了体育的繁荣。各个城邦之间常常发生战争，不停地交战使得人们对于体育这一项内容不得不进行重视。其中斯巴达人是非常重视体育教育的，我们也可以将之称为尚武教育。不仅如此，他们还注重优生，新生儿必须交给国家进行一系列检查，只有体格强壮的婴孩才能交给父母，而那些体质孱弱或者身有残疾的婴儿就会被丢弃。古希腊人的祭祀活动经过演变，发展出了古代奥林匹克运动会，古代奥林匹克运动会辉煌地延续了千年，使人类体育得到了发展。

中世纪的欧洲非常黑暗，在这个经济落后的封建社会，各种思想充斥于社会当中。只有贵族子弟才有资格进行体育教育，普通人是没有资格接受体育教育的，贵族子弟学习“骑士七技”，即行猎、投枪、下棋、骑马、游泳、击剑、吟诗，其中有五项属于体育范畴。

14 世纪至 15 世纪，在意大利兴起了文艺复兴运动，洛克提出了“三育”学说，他将教育分成了三个部分，即德育、智育和体育，认为“健全之精神寓于健全之身体”，提出要在宫廷训练学校开设体育课。

18 世纪，启蒙运动兴起，反对封建制度、反对教学权威，卢梭作为法国启蒙思想家的代表人物之一，他提出要顺应儿童本性，使其无论是在心灵还是在身体上都能得到自由发展。

19 世纪，西欧各个国家接连发生战争，各种民族主义倾向和不平衡的资本主义发展使许多国家都处于战争之中，并且饱受战败的屈辱，为了使自己的国家强大起来，各国不得不开始重视体育教育，体育逐渐流传到各个大洲，使得世界体育运动得到了发展。

德国和瑞典的体操在欧洲得到推广的同时，英国却发展起了户外运动、娱乐和竞技运动，这种运动是在英国特殊的社会条件下兴起的，非常符合英国的民族特点。而这种运动在英国的殖民扩张中逐渐传向其他国家和地区。

（二）中国体育发展史

1. 中国古代体育发展史

中国是世界文明古国之一，中国人的祖先很早就拥有了走、投、跑、跳、浮水等基本技能，甚至10万年前就已经用上了“飞石索”。

后来发明了弓箭，这一工具推动了社会生产力的发展，体育登上了历史的舞台，无论是作为教育还是作为雏形娱乐，体育已经拥有了萌芽的状态。

中国拥有1600年的奴隶社会阶段，先秦时期经历了夏、商、周、春秋时期，奴隶主为了维护自己的利益，会重视军队的发展，注重身体素质的提高，以便在战争中取得胜利。春秋时期出现了百家争鸣的局面，很多政治家、军事家提出了自己的军事思想和体育实践理论，这更进一步地推动了体育的发展，比如，孙武的《孙子兵法》就提到了很多关于身体训练的方法。还有著名的教育家孔子，他主张在进行礼、乐、射、御、书、数六艺的同时，还鼓励学生进行各项体育活动，比如，游水、射箭、登山、打猎等。

到了汉代，统治者提倡休养生息，政策的宽简也使经济、文化都得以发展，同时为了抵御外敌入侵，人们纷纷加入强身祛病的行列，这都使体育教育在先秦的基础上得到了进一步发展。汉代出现了“大一统”的局面，物质基础相对雄厚，宫廷和民间的娱乐活动都得到了发展，出现了各种各样的娱乐性体育活动，如角力、摔跤、舞龙、耍狮、舞蹈、踩高跷等，这些活动至今还在传承，甚至有些活动在后世发展成为竞技项目。

两晋、南北朝时期社会四分五裂，汉代所提倡的各种强身祛病的活动项目被逐渐废弃，一些娱乐性体育在统治者的倡导下逐渐发展起来，如弈棋、歌舞、百戏等。

隋唐时期社会又进入稳定的统治阶段，从“贞观之治”到“开元盛世”，总共百余年，经济文化都达到了鼎盛的阶段，隋唐体育的发展也呈现出了繁荣的景象，无论是宫廷贵族，还是官员百姓都在进行体育活动。隋唐时期生产力得到发展，生产技术水平也得到了提高，同时，体育场地也得到扩大，体育器材也得到改进，例如，唐代就已经出现了用油料浇筑的球场和充气的足球及球门。

宋、元、明、清时期，体育也随着社会的变革而变化。例如，北宋时期武举制和王安石变法富国强兵的内容，这都对体育的发展起到了促进作用。后来毕昇又发明了活字印刷术，各种体育资料的出版更进一步推动了体育的发展。

清政府是由满族贵族建立的，这一时期体育活动的民族特点十分浓郁。其中盛行于满族儿童间的传统体育项目“嘎拉哈”和表现彩珠生活的“珍珠球”最具特色。

清军入关后，各种典章制度不断完善，体育活动也增加了宫廷的特点。每年冬至以后在太液池举行的冰嬉是清代宫廷重要的体育活动，场面隆重、热闹。清朝注重骑射、武功，为了使八旗兵丁能够保持武功技能，清朝每年都会举办木兰围猎，而“塞宴四事”（包括教駣、诈马、相扑、什榜）是围猎宿营时的必备节目。

2. 中国近代体育发展史

（1）鸦片战争至辛亥革命时期的体育

第二次鸦片战争以后，洋务运动逐渐兴起，西方近代体育被引入中国，并将其作为军事训练的手段。《光绪政要》一书反映出当时体育课的内容和要求是：“以升降娴其技艺，即以练其筋力，……日间中学西学，文事武备，量晷分时，兼程并课。”①

北洋水师学堂体育活动主要有木棒、击剑、羹匙托物竞走、跳远、跳高、跳栏、刺棍、拳击、游泳、滑冰、爬桅、木马、单杠、平台、足球、双杠、爬山等。由此我们可以看出，洋务运动不仅引进了西方近代体育，还促进了中国近代体育的形成。

洋务运动在“中体西用”思想指导下引进部分西方近代体育，并未顾及它的意义和作用。中国真正传播西方近代体育思想的是维新派人士，包括康有为、梁启超、严复、谭嗣同等。维新派宣传德、智、体全面发展，这就为学校的体育发展提供了思想条件。他们的尚武强国论也成了军国民体育思想的先声。他们传播了西方近代体育并为培养体育人才做出了贡献。

鸦片战争以后，中国出现了一大批传教士，他们进行传教活动的同时，也使得中国出现了一大批教会学校，这些教会学校经常开展体育活动，如田径、球类运动以及一些竞赛活动等，颇引人注目。

---

① 沈桐生. 光绪政要［M］. 北京：中国言实出版社，2000.

（2）中华民国时期的体育

中华民国第五次全国教育会联合会的决议案中指出："近鉴世界大势，军国民体育思想已不符合新教育之潮流，故对学校体育自应加以改进。"

五四运动和新文化运动促进了人民思想的觉悟，反映在体育上就是中国人收回体育主权，由中国人组织、用中国人做裁判、用中文制定规则、用中国的体育器材，这促进了中国近代体育的发展。随着科学和民主思想影响的扩大，体育越来越受到人们的重视。男女平等的思想观念带动了女子体育的开展。在体育领域内部，兵式体操让人感到枯燥，一些活泼有趣的球类运动和田径运动得到推广，并受到人民群众的喜爱。在五四运动前后，随着马克思列宁主义传入中国，也出现了一些科学地论述体育的文章。

3. 新中国体育发展史

体育事业在社会经济发展中的地位非常重要，不仅能够强身健体、增强国民身体素质，还能振奋民族精神，并通过体育来进行外交。从历史发展的角度出发，在不同的经济发展阶段，新中国的体育事业可以划分为三个阶段，分别为探索追赶期、飞速发展期和可持续发展期。

（1）体育事业的探索追赶期

改革和发展体育事业，政府在其中起到重要的作用，政府需要根据经济、政治和文化的情况不断提高体育发展的效率和质量，促进我国体育事业的不断完善。

我国体育事业的探索与发展阶段是从中华人民共和国成立初期到十一届三中全会的召开，在这个阶段，我国国民身体素质不断提升，人民也有了越来越高的体育运动水平。

在 20 世纪 50 年代，我国实行计划经济体制，中国体育管理体制形成了举国体制，政府通过颁布文件和政策，建立起全国性单项运动协会，并以此来促进体育事业的发展。

体育事业在这一阶段就是为人民服务的，就是要提高人民的身体健康水平，使人民有着更好的精神面貌，1952 年毛泽东同志题词"发展体育运动、增强人民体质"，这就是在强调体育运动的重要性，只有人民的身体素质提高了，人民才会拥有更良好的精神面貌。在中华人民共和国成立初期，我国体育事业的发展结合我国的基本国情，积极借鉴苏联的模式，成立中华人民共和国体育运动委员会，并由政府进行管理我国的体育。在“举国体制”下，在中国共产党的领导下，中国的竞赛保障机制、竞技体育管理模式、训练机制都得到了发展，积极的思想，快速踏实的行动，都为我国的体育事业发展提供了强大的凝聚力量，使我国社会主义体育事业的发展得到保障。

（2）体育事业的飞速发展期

中国体育事业的发展阶段是从十一届三中全会到2008年北京奥运会，在这一阶段我国的体育事业不断地走向成熟，并向世界舞台展示了我国的实力。这一阶段，我国的经济快速增长，市场经济发展得越来越快，政府开始从宏观层面对体育事业进行指导，一些相关的社会组织对体育进行更加细化的管理，这种管理方式我们称之为管办分离，这就更好了地促进了中国体育事业的发展。随着市场经济的深入，体育事业逐渐向体育产业转化，市场运作成为我国体育产业运行的主要手段，这就意味着体育的营利性质更加明显，也有了更多的融资渠道。随着我国改革开放不断深入，体育逐渐走向世界，并取得了一系列辉煌的成就，20世纪80年代我国实行“奥运争光”计划，在奥运赛场上，中国的奥运健儿取得了相当不错的成绩，尤其是在2008年北京奥运会上，我国的奥运健儿取得了更加辉煌的战绩，我国在体育的舞台上拥有了越来越重要的地位。

改革开放使我们拥有了更多的对外交流的机会，在这个过程中，我们不断地完善法律法规来保证体育事业的发展，积极进行改革创新、积极完成我国体育事业的阶段性任务。随着全民健身运动的深入，体育事业开始与健康领域相结合，体育产业市场化的程度进一步加深，这就刺激了消费，带动了经济的发展。这一阶段，又将全民健身运动和竞技体育运动相结合，此时的竞技体育已经在不断地改革下成为大众的运动，这就体现了全民共同参与，因此，在中国政府的引导下，中国的体育事业取得了巨大的进步。

（3）体育事业的可持续发展期

自2008年北京奥运会至今是我国体育事业发展的新阶段，这是一个崭新的时代，我们的任务是建设体育强国，使健康中国的目标得以尽快实现，同时推动经济高速发展，使人民日益增长的精神文化需求得到满足。

随着我国经济的不断增长，人均GDP水平不断提升，体育的消费水平也不断提高，这就反映了体育对社会经济发展有推动作用。自党的十八大以来，体育事业的全面改革，进一步促进了体育事业的发展。这一阶段政府简政放权，取消了一些体育赛事审批，单项协会也进行了改革创新，这为社会和市场注入新的活力，供给侧结构性改革也促进了体育和相关产业的融合发展，使中国体育的规模得以扩大，同时更加注重体育的质量和效益。

国务院在 2019 年发布一项纲领——《体育强国建设纲要》，指明了新时代体育改革的方向，即体育事业必须使人民满意。因为体育事业的发展是关注人的精神文化需求，其发展理念将人民作为中心，所以使得体育事业实现了高水平提高、高质量发展。不仅如此，我国还举办了一系列世界赛事，如篮球世界杯、冬奥会等，不仅带动了人们参与到体育的活动中来，同时，还展现了我国的经济实力与体育实力，更重要的是使我国拥有了更强的民族凝聚力。近几年，我国体育事业的国际地位凸显十分重要，对全球治理和其他领域的交流合作都有着重要的影响，因此，我国逐渐由“体育大国”转变为“体育强国”。

我们有理由相信，体育必将成为满足人民需要的光辉事业。

二、着眼具体：中外学校体育发展史

学校体育，顾名思义就是在学校这个环境下，为了让受教育者通过身体运动和卫生保健来保持身心健康发展而采取的一系列教育活动，并且是有计划、有目的、有组织的。

学校体育工作对学生有着重要的意义，在不同时代，学校体育都是促进学生身心健康成长的重要途径，虽然学校体育工作取得了一定的成绩，但是，在发展过程中仍然会遇到一些困难与挑战。

所以，我们梳理一下中外学校体育发展的历程，并且总结出规律，这对我国体育事业的发展是非常重要的。

（一）中国学校体育发展

1. 中国古代学校体育发展

学校的产生有三个基本的条件，分别是社会需要、剩余劳动和文字。早在中国的奴隶社会时期就已经具备了产生学校的条件，文献记载夏商时期“御”“校”“序”“礼”等初具规模的学校已经产生。周朝作为奴隶社会的巅峰时期，已经形成完整的学校体系。例如，在中央有包括大学和小学的“国学”，在地方有“乡学”，学校里还有教育官，包括大师、小师两个级别，他们教授射箭和礼仪等。然而，这种学校教育是属于奴隶主培养年轻人的手段，普通的平民老百姓是无法接触到这些的。在其教育内容中，有一些近似体育的内容，但是因为其未形成完整的体系，学校体育仍旧是处在萌芽的阶段。

封建社会在中国存在了 2000 多年，学校体育的发展也在其中艰难发展。秦朝是中国历史上第一个大一统的封建王朝，为了巩固新生政权、统一思想，秦朝推崇法家，使奴隶社会的官学被摒弃，这也就使学校体育被间接取消。在汉武帝时期，统治者“罢黜百家，独尊儒术”，官学中注重儒家理论的教育，而体育只是作为儒家六经中的《礼》而微弱地存在，这种重文轻武的局面使得体育发展再次受挫。

到了隋唐时期，这一现象才得到缓解，此时处于中国封建社会中的鼎盛时期，各项制度几近完善。唐朝创设了武举制，虽然这种军事体育和学校体育相差甚远，但这仍旧对学校体育的发展提供了强大的助力。到了两宋时期，武将职权受到限制，“存天理，灭人欲”更使得文重武轻的局面更加严重。到了明朝，全国各地学校都开设射圃，已经十分接近现代的学校体育。清朝继承了明朝学校体育的制度，但是这种制度并没有在全国范围内继续推行，统治者为了巩固统治，只有在满族学校才会实行文武并重。

2. 中国近代学校体育发展

鸦片战争使中国的大门被迫打开，中国近代史由此开始。西方先进的思想和科技传入中国，中西思想文化在不断地碰撞交融，清政府发现儒家礼教制度已经行不通了，为了巩固统治，清朝统治者在拥有新思想的开明人士的建议下废除了科举制，书院也改成了学堂，同时颁布了《奏定学堂章程》和《钦定学堂章程》，开始仿照西方学校体育。在 1902 年颁布的《钦定学堂章程》虽然没有实行，但却是中国近代史上第一个学校体育政策法规，为现代意义上的新学制奠定了基础。而 1904 年颁布的《奏定学校章程》是对《钦定学堂章程》的修改，其中规定在学校必修的是体操，这种体操被分成普通体操和军事体操两种，规定小学堂和高级学堂每周都要进行 3 个小时的训练，中级学堂每周都要进行两个小时的训练，这种体操照搬照抄了德国和瑞典的体操形式，学生枯燥地进行军事训练，再加上教员的经验不足，就导致了学生的身心发展受到影响。

辛亥革命使存在于中国2000多年的封建帝制得以废除，使得人们的思想得到解放。民国政府建立起来之后，新的学制——“壬子·癸丑学制”得以颁布，这项学制继承了清朝学制，使得军事体操被保留下来，一些球类、田径的课外活动也被添加上。“壬子·癸丑学制”最大的创新点就在于肯定了女性受教育的权利，使学校体育得到健康发展。

在新文化运动时期，人民的思想得到空前的解放，各国先进的教育思想涌入中国，北京国民政府于1922年和1923年颁布了“壬戌学制”和《新学制课程标准》，借鉴了美国学制，将军事体操废除，“体操”正式改为体育，田径和球类运动成为主要形式，还添加了生理卫生课程，这个时期体育教师队伍的建设也得到了高质量的发展。

1928年，国民政府又制订了“戊辰学制”，要求中等以上学校的学生必须进行军事训练。1929年又颁布了中国第一部《国民体育法》，女性接受体育教育的权利通过法律的形式被正式赋予。随后几年的时间，更多的体育教育方案被颁布出来，学校体育法律法规体系得到完善，学校体育的发展有了更坚实的法律保障。

3. 中国现代学校体育发展

1949—1965年，中国的学校体育体系得以建立起来。此时期是对苏联学校体育的照搬，在此期间颁布了《准备劳动与卫国体育制度》，这是中华人民共和国第一个“国家体育锻炼标准”，还制订了《高等学校普通体育课教学大纲》，使我国学校体育教学课堂常规建立起来。

1966—1976年，这一时期学校体育被军事代替，体育课上讲述的内容大多与军事有关，学校体育建设遭到严重破坏。

1978年十一届三中全会召开，学校体育的工作思路明晰起来，使得学校体育的发展有了明确的方向，这一时期还积极向国外学校学习体育理论，出现了“一元指导，多元并存”的繁荣局面，我国开始探索符合国情的体育体系，学校体育得到正常发展。

（二）国外学校体育发展

1. 国外古代学校体育发展

古希腊和古罗马影响了国外体育的发展，公元前8世纪，古希腊最大的城邦斯巴达为了维护城邦统治地位，当时的体育仅仅局限于军事活动，全民皆兵，一切活动都将军事作为前提。公元前594年，雅典的民主制促进各行业的发展，体育活动也得到了发展，此时，雅典已经开始注重德、智、体、美全方面发展了。古罗马时期，人们骄奢淫逸，青年人意志消沉，军事体育被观赏体育所替代，学校体育逐渐衰败。

2. 国外近代学校体育发展

欧洲是资本主义思想最早的起源地，在11世纪至14世纪欧洲商品经济得到发展，资产阶级开始成长，但是当时还是封建社会，宗教统治着人的思想，这无法满足资产阶级自身的需要，于是他们开始建立符合自身利益的文化形态。

因此，在15世纪，文艺复兴、宗教改革和思想启蒙运动先后爆发，极大地解放了人们的思想，这些运动批判了封建社会对人的摧残，肯定了个人的价值和尊严，这就为近代学校体育的形成奠定了思想基础。

“现代学校体育之父”夸美纽斯认为学校是“造就人的工厂”，学校教育应该得到普及，同时要注重人的身心统一健康发展。德国教育家巴塞多德继承了夸美纽斯思想，并且提出要在实际的学校教育中进行体育教学的实践，他组织学生进行体育活动，带学生野营、狩猎和游泳。德国体育教师古茨穆茨对传统的体育技能练习方法进行了整理，并且使其形成了一个完善的体操体系，同时提出教师应该掌握与体育教学有关的基础知识，还提出了全民参与体育的建议。英国思想家和教育家约翰·洛克提倡绅士教育，学校应该注重学生德、智、体的全面发展。托马斯·阿诺德是一位英国牧师，他鼓励学生进行竞技运动，并且积极参与管理学校体育事务，希望学生利用课余时间进行体育比赛。经过一代代体育教育学家的努力，欧洲各国逐渐意识到体育的地位是多么重要，因此他们纷纷进行改革，将体育引入教学，同时培养了一批高素质体育教师。

3. 国外现代学校体育发展

苏联于1923年颁布了《学校体育教学基本法条例》，同时规定全国开设体育必修课；并在1927年首次颁布体育教学大纲。这些措施都极大地推动了学校体育的发展。

欧美各国家的学校改革了体育教学的内容和手段，各种竞技运动项目受到广大青少年的喜爱，通过这些体育活动，使得青少年的个性、情感得到了培养，通过各种校内和校际的体育竞技比赛他们会更有团队意识。各学校为了使青少年的身体素质达到标准，纷纷下达指令，要求进行各类测试，并将这些结果作为学生的成绩。同时学校还加强了对学校体育组织的管理，使学生自治型管理被取代。

日本于 2014 年颁布了《中小学学习指导要领解说保健体育篇》，其中对小学生体育课课时进行了规定，即每周平均 3 课时，每学年必须达到 90 课时，在 6 年间最少要达到 540 课时。

第二节　体育的概念、功能及分类

一、体育的概念

体育（或称体育运动）是一项社会实践活动，是通过有规则的身体运动改造人的“自身自然”的社会实践活动。人有规则的身体运动是体育的基本表现形式，对人自身的改造是体育的基本任务。体育作为一个专门的科学领域，体育是伴随着人类社会的发展而逐步建立起来的。体育的概念有狭义和广义之分。

狭义的体育（体育教育）是教育的重要组成部分，是培育和塑造人体的过程，是人全面发展的一个重要方面，是一个教育过程，能够提高人的身体素质，锻炼人的意志。

广义的体育（体育运动）是一种社会活动，并且以身体练习为基本手段，有意识地使人的体质得到增强，同时促进人的全面发展，其目的是促进精神文化生活。作为社会文化的一部分，广义上的体育为一定的政治和经济服务，并受到其制约。

二、体育的功能

体育的功能取决于体育本身的特点和社会的需要，主要有教育功能、娱乐功能、经济功能、健身功能、军事功能、政治功能等。

（一）体育的健身功能

体育的本质功能是“强身健体”。体育的基本形式是身体运动，通过身体锻炼将一定强度的刺激传递给各器官，使身体发生了一系列适应性反应，其形态结构、生理机能等方面趋优变化，从而使个体拥有更强的体质、更健康的身体。

1. 体育对增强体质的作用

体育运动不仅促进了骨骼和肌肉的生长，使身体形态能够正常发育，使内脏器官能够健康运行，还使人对外界有了更强的适应力，同时呼吸、消化等系统的机能状况得到改善，提高人的“防卫体力”。除此之外，还能锻炼人的力量、耐力等。

2. 体育对增进健康的作用

过去认为，健康就是没有疾病、没有缺陷，人体的生理机能能够正常运转。但是世界卫生组织重新定义了健康，即健康应该是在身体、精神和社会上都保持健全的一种状态。这个观点就表明了健康不仅仅是疾病的反义词，更是身体和精神都能适应社会环境的状态，也就是说，健康包括两个方面，即身体健康和精神健康。

身体健康是指人拥有良好的生理机能，正常地进行发育，同时拥有平衡的心理和充沛的精力，在面对、承担一些压力和负荷的时候能够产生适应的反应。实践表明，科学合理地进行锻炼，能够促进新陈代谢、改善呼吸功能、刺激中枢神经和内分泌系统、改善血液循环、推迟生物体各组织器官结构和功能的退化、延缓有机体适应能力的降低。

精神健康其实就是指维持身体健康的能力。在健康诊断中，判断精神健康的基础应包括对精神卫生的重视、由社会环境引起的心理活动因素及良好的心理调节能力。

当然，这种“基础”要建立起来受很多因素影响，其中体育锻炼起到了重要的作用。通过各种体育锻炼，可以培养人的集体意识和团结意识，增强人的意志力，对人的心理具有调节作用，使人际关系更加协调，促使个体融入和谐统一的环境中，感受轻松和欢快，最终使自己的精神达到健康的标准。

（二）体育的教育功能

体育最根本的社会功能就是教育功能，体育的教育作用正在被人们高度关注着。

1. 体育在学校中的教育作用

在学校教育中，体育是一个不可缺少的重要环节。在学校教育中的体育教学，其首要任务就是充分利用身体和心理的共同参与过程中的有利条件，为适应今后的社会工作和生活，培养学生担任未来社会角色所必备的素质。要实现这一目标，学校体育教育就要对学生政治思想、意志品质、道德情操和提高体质等方面进行培养教育，从而使学生具备最基础的体育理论知识、基本技术、基本技能、良好道德品质、科学健身方法以及体育锻炼的好习惯等。

学校中体育的教育作用主要体现在：

（1）健身强心功能

在学校体育教育中最直接、最基本的功能就是健身强心功能。这种作用在前文中已经有了说明和阐述，这里不再赘述。

（2）价值导向功能

体育强盛则国家强盛，国家兴旺则体育兴旺。作为社会文化的重要分支，体育文化发挥着重大作用。而青少年时期正值人生发展的关键阶段，在学校体育教学中，要加强对学生社会主义核心价值观的培育。学校体育与教育教学同等重要，因其独特的文化氛围和积极向上的文化环境对学生存在着潜移默化的熏陶。丰富的体育课堂实践和体育活动的深入探究，都使体育精神与价值体系高度契合。比如，在教学中要团结协作，遵守规则；在训练中要刻苦、坚持不懈；在比赛中要永不言弃、不屈不挠，提高耐力和意志品质，激发和引导学生树立高尚的理想信念，明确正确的价值取向。

（3）目标引导功能

文化兴旺则国运兴旺，文化富强则国家富强。学生对体育文化的认同源于良好的环境和气氛，透过有形、无形的体育文化浸润，把个人的发展与学校的人才培养有机结合起来，把个人的事业规划与国家的发展需求有机结合起来；在体育文化中，将生命教育、生存教育与生活教育相结合，学习体育知识、掌握运动技能、强化体能基础、提高专项技术。无论是功能齐全的场馆，还是科技含量高的技术手段；无论是活泼有趣的运动项目，还是枯燥无味的器械训练，体育文化都可以促进学生发现体育、投身体育、享受体育，从而提高自身素质和修养，完善自我、认识生活、规划人生和未来。

（4）德育规范功能

学校的体育教育既有体育的精神和价值，又有一定的规范和限制。常言道“无规矩不成方圆”，思想观念、认知判断、行为准则、道德标准仍然会对学校中的所有教师和学生有约束作用。在学校的体育活动中，存在着许多道德规范的成分，如，尊重对手、公平竞争的个人道德；遵守比赛规则和比赛纪律的职业道德；公开、公正、透明、无私的社会公德，这些都制约了全体师生的思想和行为，并在教学规范、项目规则中，延伸到了平时的行为规范和道德素质，培养了公平、公正的竞争意识和精神，形成了良好的思想和作风。

（5）社会性发展功能

学校的体育活动能够为学生创造良好的文化氛围和文化环境以帮助学生适应社会，如学校运动会、社团（俱乐部）、校际联赛等，使学生能够在相互交流、团队合作的过程中，从认识到行为发生转变。学生的自我意识正处在一个快速发展、趋于稳定的关键时期，在这种“分化—矛盾—统一”的进程中，个人的社会适应问题很可能会出现。由于所处区域的特殊性，学校体育教育对学生的价值观标准和政治社会化具有显著的影响，而经常参加体育活动的学生在日常生活中的人际关系维护、团队合作的谈话技巧、情绪控制能力、心理调节水平以及社会适应能力上，与参加其他类型活动的学生相比存在着较大优势。

2. 体育在社会中的教育作用

激发爱国热情，振奋民族精神；培养良好的社会公德，培养团队集体意识以及积极进取的精神。

（三）体育的经济功能

体育的经济功能主要表现在竞技体育和大众体育这两个方面。

就竞技体育而言，人们会购买包括门票、车旅费、体育用品、体育纪念品在内的体育商品。除此之外，运动员转会、赛事转播、体育自主消费等也都体现了体育的经济功能。

而就大众体育而言，人们可以根据自己的偏好去购买体育商品、体育装备和赛事门票，从而推动体育事业的经济发展。同时，在学校体育活动中，为学生提供的教学、训练所需运动器材，需要由学校统一采购。中学生参加体育培训班，以提高他们的体育考试成绩，这也推动了整个体育产业的经济发展。这些都体现着体育的经济功能。

而体育最重要的经济功能是促进城市生产总值增长，为国家的经济增长起到推动作用。从世界范围来看，亚运会、奥运会、世锦赛的申办和举办，都会对经济造成一定的影响，一些赛事的承办企业会有所盈利，另一些承办方也可能会出现亏损。这一切都取决于赛事承办和赛程安排得合理与否。

（四）体育的文化功能

体育文化更多的是一种精神层次的体现，它是一种无形的存在，既是一种价值观，又是一种精神的寄托与信仰。

每一个区域，每一个国家，每一个民族，都有自己独特的文化。不同的文化在体育上也有着不同的体现，体育为人们带来了一种纯粹的无差别热爱。例如，在不同的国家、文化、环境中，两个来自不同种族却喜爱同一名球星的人，在同一场合下可以和谐地相处。在世界杯期间，球迷们聚集在一起，为自己喜爱的队伍加油助威，这就是体育的魅力，也是体育所带来的独特文化。

体育也是一种精神上的寄托，一些人将自己的精神寄托在一项运动上，一些人将体育明星当作自己的楷模，体育界中可以找到无数个这样的例子。例如，科比的“曼巴”精神，他的坚韧不拔、不畏艰辛，让很多球迷都为之倾倒，即便是那些比他更有成就的明星，也都成了科比的粉丝。从某种程度上来说，科比是一名伟大的球星，他为球迷们奉献了一场又一场的篮球比赛，一个又一个漂亮的进球，这更是一种精神的体现。运动所展示出的精神力量，使热爱这项运动的粉丝们有了面对困难、积极努力的动力，当他们遇到可能要坚持不下去的困难时，他们就会在这份力量的激励下奋发图强。篮球比赛有胜有负，虽然成绩可能会不理想，但是喜爱篮球的粉丝们还是会继续关注，无论年纪大小，工作多么繁忙，都能不吃不睡地去观看比赛。

（五）体育的政治功能

奥林匹克运动会是世界上最盛大的体育活动，它会吸引全球人民的注意力，来自世界各国的运动员齐聚一堂，这是一场前所未有的盛会，承办方可以将自己的文化、科技、历史、特色通过奥运会来展现给世界，并将自己介绍给全世界。借由奥运会，承办方可以展现出自身强大的实力，这正是体育政治功能的重要体现。在国内各大联赛、锦标赛中，也都有企业、商业合作，甚至政府参与其中也并不少见。但政治对体育的干预必须适度，才能推动体育的发展，增强国家的实力。如果政治上过分干涉体育，就会破坏体育的价值，同时对政治也会造成很大的负面影响。

尤其是在科学技术越来越发达、运动赛事越来越多的情况下，人们对体育的关注度越来越高，对体育的影响也越来越大，但如果政府能把握好“度”，那么体育就会变得更“健康”、更“安全”。

（六）体育的娱乐功能

体育可以调节人们的生活步调，让人们在体育运动中获得身体和精神上的愉悦；增进人与人之间的关系，并在集体中享受快乐；挑战自己，体会创造生命价值的快乐；欣赏体育的力量和美感，享受运动员的技艺和美的艺术。

（七）体育的军事功能

强化体育训练是军事实战中的一种攻守技术需要，在训练中充分发挥人体的体能和心理素质。一些体育竞赛已经转变为军事体育运动项目，并服务于军事。

三、体育的分类

（一）自然体育

作为人类社会历史上最古老、最原始、最天然、最持久的生命活动，自然体育主要是以天然经济和血缘族群关系为基础的社会活动。

“自然体育”从字面上看，包含了两个关键词——“自然”与“体育”。“自然”一词的最初含义主要指的是整个物质世界，包括自然界与人类社会在内；“自然”的延义是指自然而然、自由发展、无外力制约的意思，也就是自由发展，即生命的存在和发展，完全由自然力、自然法则和自然规律所决定。“体育”最初的含义是培养身体和精神，其进一步解释为“以发展体力、增强体质为主要任务的教育，通过参加各项运动来实现”①。

“自然体育”是指在原始社会的生活中，以自然的生命活动为主要内容，利用人与自然环境之间相互依赖和发展的关系，使人的身体机能得到健康的发展，不受外力和意识作用的生命自我养育活动就是自然体育的本质。

“自然体育”出自卢梭的“自然教育思想”。卢梭认为“体育教育的首要任务是使受教育者的身体获得自然的发展，强调运用自然手段使受教育者自然发展、

① 中国社会科学院语言研究所词典编辑室．现代汉语词典［Z］．北京：商务印书馆，2016.

强身健体”[①]。原始社会是人类自然体育孕育、发展和成长的漫长时期，在这个时期表现为“本体体育、本能体育和适应体育”三个自然活动史征。

（二）意识体育

意识是人的思想在客观物质世界中的反映，是各种思维、感觉等心理过程的综合。意识是人类社会对自然环境的不断适应而产生的一种劳动结果。

现代心理学家将意识划分为两类，一类是广义的，一类是狭义的。广义上的意识概念是赋予现实的心理现象的总体，是个体直接经验的主观现象，它表现为认知、情感和意志的结合统一。狭义上的意识概念是指人们对自己和外部世界的认识、觉察和关注程度。

意识体育是指在人类自然体育发展到一定程度后，在一定量变的基础上，有目的、有计划、有方法地对身体进行运动和锻炼，使身体向预期目标发展的社会活动。人类最初的意识体育是以自然体育为基础的，在日常生活中，意识体育表现为简单的生活动作或是模仿劳动方式，后来又创造了有益于身心的锻炼内容与方式，从而形成了自觉的体育行为。

意识体育是人类自然体育的一种升华。传说中的“后羿射日”和“夸父追日”，是远古时期人们对美好社会生活向往的一种虚构的神话意识体育。只有人类萌生了延年益寿的观念，并把注意力集中在健康养生、仿生锻炼、利用祭祀等方面，自觉地提高人们的身心健康，有意识地开始注重养生长寿，人类真正的体育生涯才得以开启。意识体育是人类与生产劳动行为不同的一个重要特点。

（三）专门体育

专门体育是人类意识体育的纵向发展与社会横向需要相结合的产物；是意识体育发展到一定程度后，从具体社会劳动生活中衍生而来的一种专门培养劳动者体能、技能的教育，以追求更好的生存、发展和精神境界；是人们为了适应社会的发展而创造性产生的一种专门的意识活动，它可以增强人们的体质、功能和技能，目的是不断地推动、提高和促进人类与社会和谐健康发展，加强人类征服自然、改造社会的能力。“学校体育、军事体育和竞技体育”在促进人与社会发展的过程中，具有鲜明的社会特色，是人类体育历史上的另一重要特征。

---

① 翟继勇．体育文明的现状与发展探索［M］．北京：光明日报出版社，2013.

1. 学校体育

古代学校体育的教学内容主要是传授生活技能、攻防技能、养生方法等。而现代的学校分为学前、小学、中学和大学。促进学生的身体健康，使学生身体素质和心理素质得到提高，并培养学生的生命活动机能和体育精神是学校体育内容、方法和手段的首要任务。以培养具有终身体育思想、体育习惯和了解科学健身的社会体育人为主要目的，终极目标是普及全民体育，提高全体人民身体健康水平，并为人民群众的生活提供服务。

2. 军事体育

作为人类群体之间维护自身利益的矛盾产物，军事体育是人类提高自身生存与发展能力的内在手段，是一种专门为了提高士兵的身体力量、速度、耐力和柔韧性而进行的身体运动，以达到提高士兵的身体素质和战斗能力为目的。军事体育的发展经历了三个阶段：徒手搏击、持械格斗、综合训练。未来的军事体育活动将会是体力、脑力、民族精神和军事技术的全面综合。

3. 竞技体育

作为一种社会文化现象，竞技运动是一种身心发展和精神需求的独特价值追求的活动。在竞技体育的精神价值中，竞技体育在整个国家科技方面的理性素质提高上的确没有多大的作用（远不及教育），但是它却能促进和激励整个民族的激情、勇敢、冒险、吃苦、耐劳等非理性素质，并具有很大的社会文化价值。

“竞技体育”中的“竞技”二字，从表面意思来看是对身体运动技术和技能进行比赛。竞技体育是为了将人们的运动潜能挖掘、培育和展示出来，它是一种脱离于体育教育而独立存在的，且以提高运动水平为目标的社会活动，也是人们充分发挥运动能力的一种意识体育活动。

竞技体育是社会政治、经济、文化竞争的重要内涵，它是人类为了更好生存的一种自身发展方式。竞技体育的本质就是竞技，竞技是体育发展的内在动力，是人们生存和发展的一种自我保护方式。发展离不开竞争，人类的生活中无时无刻不在进行着生存、生长和发展的全方位竞争。体育是人体生命活动中身体教育方面的一项重要内容，自然也不例外。体育是连接人与社会的桥梁，它紧密地围绕着人的全面发展与社会需求而服务于人们的精神文化生活。体育在今后的发展中，必然向健康化、功能化、生命化的方向发展，这是社会体育发展的另一史征。

（四）社会体育

社会体育既是社会人的自然体育和意识体育的总和，也是个体体育和群体体育的总和，是最广泛、最高级、最有效的社会表现。

随着人类社会工业化、信息化、智能化、城镇化的不断发展，越来越多的社会人将从具体的劳动中解放出来，空闲时间得以被人们自由支配，人们开始自由、自愿、自主地组织和参与社会体育文化活动，从而提高社会交际能力，增强了身心健康，提高了生命品质。随着社会的发展，对个体能力的要求也越来越高，健康的身体素质和强大的意志力是参加社会竞争的必备条件。

第三节　学校体育的目的、任务及途径

一、学校体育的目的

体育教学是教育系统的重要组成部分，学校体育的最终目的是按照社会主义现代化建设事业和现代人才培养的要求，加强学生体质锻炼，树立学生终身体育意识，注重培养学生的个性心理素质，培养学生德、智、体全面发展，使其成为社会主义事业中德才兼备、体魄强健的接班人。

二、学校体育的任务

为了达到学校体育的目的，培养合格的专门人才，学校体育必须完成以下任务：

在保证学生拥有健康的身体和愉快的心态的基础上，进一步增强学生的身体素质。体育活动是促进学生身心健康发展最积极、最有效的方式。通过开展体育教学、训练、课外体育活动、业余体育比赛等多种形式的体育活动，可以增强学生的身体素质和对环境的适应能力，培养学生良好的运动习惯，提高抗病能力。通过体育理论的学习，可以提高学生的营养卫生意识，帮助学生遵守合理的作息制度，积极参加体育锻炼，以获得良好的身体素质和充沛精力，为以后步入社会奠定良好的基础。

良好体育意识的培养、自觉锻炼习惯的养成是一个同时具备时间概念和个体兴趣需要特征的复杂过程。锻炼习惯的形成通常由以下三个因素决定：

其一，正确认识体育运动的定义和价值。这对是否能够持之以恒地自觉锻炼起着决定性作用。

其二，对运动技术的爱好与掌握程度。能否坚持经常自觉地进行锻炼，在很大程度上依赖于对某项运动的兴趣和爱好，以及此种兴趣和爱好是否能够持久。

其三，生理机能对运动的适应性。组织、动员、指导、建立健全的规章制度，让学生们每天按时参加晨练和进行课外体育锻炼，形成稳固的锻炼习惯。养成锻

炼习惯不仅能够提高学生在校期间的生活质量，而且能为学生走向社会提供旺盛的精力和体力保障。

加强思想道德建设，重视学生个人道德修养的提高。实践表明，在培养德、智、体、美、劳全面发展的过程中，必须将道德教育置于第一位，并贯穿各类教育的整个过程。体育是对学生进行品德教育最生动、最直接的形式。体育活动大都采取竞赛的方式，具有较强的竞技性和规则约束性。竞赛的规则不仅对行为提出要求，同时也具有良好的道德操守规范作用，有利于提高学生的竞争意识，培养学生形成公平竞争、团结协作、公正无私、勇敢顽强、拼搏进取等优良素质。在参加或观看体育活动的过程中，学生应具有积极进取的意识，努力养成吃苦耐劳、艰苦奋斗、团结友爱、乐于奉献的精神品质。

在体育教学中，对学生进行思想品德教育是一个重要的教育内容。其中，爱国主义、社会主义、集体主义教育等是德育工作的重点内容。这种教育目的要通过有针对性的教学活动、潜移默化地渗透和行为引导来达到。不仅如此，体育教学还应将学生参与体育与国家和社会对青年的期许水平相联系，从而对学生进行价值观和人生观的培养教育。

在体育教学中，群体活动是体育学科的一大特色，在体育活动中无时无刻不在进行着人与人（即教师与学生、学生与学生）之间的联系；在教学竞赛中，个人和团体、小团体与另一小团体进行着竞争；同时，还有技巧和策略的应用等。以上所说的都是在与群体建立联系的同时，充分利用和发挥了个体的智慧和体育能力。发挥群体的作用，进行集体主义教育，并不是要制约学生的个性发展；而充分利用自己的长处，注重个性的发展，也不是在培养学生的个人主义。所以，学校要加强学生良好的道德修养教育，如团结、协作、互助等。

提高学生的运动技术水平，加强学校学生的国际体育交流，促进学校体育的横向发展。中国加入世界贸易组织后，学生体育交流活动日益增多，增进了校际、学生间的友好往来。充分利用学校的有利条件和学生体能、智能方面的优势，坚持系统、科学的训练，不断提高运动技术水平，既能为学校培养优秀骨干，又能进一步推动学校体育活动的开展；既能丰富学校的校园文化生活，又能为国家竞技运动提供后备力量。

三、实现学校体育目的和任务的基本途径

（一）体育课

体育课作为一门必修课程，其主要目标是：以健康为中心，以“终身体育”为指导，以“育人”为终极目的来帮助学生树立健康第一的思想。

体育课的特点是除在室内进行体育理论知识教学之外，还应在老师的引导下，在室外（运动场、体育馆等）进行各种各样的身体体能训练。在反复的训练中，将学生的身体与思维活动紧密地联系起来，使学生承担一定的运动负荷，从而促进学生掌握体育知识、技术和技能，从而增强学生的体质、使学生养成自觉锻炼的习惯与能力，为“终身体育”打下坚实基础。

（二）课外体育活动

课外体育活动是体育教学的延伸与补充，是实现学校体育目的与任务的重要手段。同时，课外体育活动对于丰富校园文化生活，满足学生的爱好和兴趣，发展学生的个性和才能等都会起到良好的促进作用。

（三）运动队训练和体育竞赛

运动队训练和体育竞赛是课外体育活动的一个组成部分，即利用业余时间对部分体育基础好的学生进行训练，其目标是提高学生队员的技术水平，因此属于一种专门的教育过程。

体育竞赛主要分为校内与校外。校内竞赛主要是院系、班级之间的各种项目的单项比赛，校外比赛则是学校运动代表队参加的地方、全国以及世界性的学生运动会及各种单项比赛。体育竞赛有助于培养学生勇敢、顽强的拼搏精神，既丰富和活跃了学生的课余文化生活，又能够给学校体育带来新的活力。

第四节　体育行为的概述及其分类

一、体育行为概述

（一）体育行为的概念

“行为”在通常情况下的含义分为狭义和广义两个方面。狭义上的“行为”，是指能够被观测到的外在活动，而广义上的“行为”则是指个人对外界环境的各种刺激做出的反应，不仅包含狭义上的行为，还包括仅能通过表象来间接推断的内部心理过程。除了广义行为之外，各个学科和学者对于行为的本质和具体的过程也存在着不同的认识和理解，甚至还会有相互矛盾的情况发生。狭义的“行为”是外显的，而广义的“行为”在外显的同时也是内隐的。

当代体育已经成为一种广泛的社会文化现象，大众体育、体育教育、竞技体育及其衍生体育渗透到了社会生活的方方面面，成为人们日常生活中不可缺少的重要内容。体育的内容、形式多种多样，因而体育行为也就包罗万象，准确地给体育行为界定概念显得十分困难。

国内学者刘一民对体育行为的概念是这样界定的：体育行为是指人们有意识地采用体育的方法、手段，实现体育目的的活动。从更广泛的意义上讲，凡是与体育发生联系的行为活动都可以称之为体育行为。①

（二）体育行为的构成要素和影响因素

1. 体育行为构成的基本要素

体育行为的基本构成要素主要有：

第一，体育行为以人为主体。个体运动或群体运动都是从具体的人开始的。行为是人的功能，而人是行为的物质前提。

第二，体育行为是由人的意识支配而产生的能动活动。体育意识能够使得人的体育行为具有目的性、指向性、预见性和能动性。

第三，体育行为是与一定的客观体育对象相关的，对一定的运动目标起作用。

① 刘一民. 体育行为学［M］. 北京：人民体育出版社，1993.

体育行为作用的对象是客观的体育事、物、人。体育行为是一种联系中的行为，这种联系正是体育中的人与物或人与人之间的关系。

第四，体育行为总是要产生一定结果的。体育行为的结果与动机、目的之间存在一定的内在关联。体育行为的结果千差万别，但再复杂也是体育行为的结果和产物。

体育行为的构成要素相互联系、相互依存。如果缺乏以上任何一个要素，就不能称之为体育行为，至少不能构成完整的体育行为。

2. 影响体育行为的因素

影响体育行为的因素有很多，但主要可以分为两大类：外部因素和内部因素。外部因素包括客观存在的体育社会环境因素和体育自然环境因素。内部因素包括人的各种心理和生理方面的因素，特别是各种心理因素，比如，人的认识、情感、兴趣、愿望、需要、动机、理想、信念和价值观等。影响体育行为的内部因素也应该包括这些内容。

（1）个体内部因素与体育行为

探究体育行为就是研究在一定社会环境下，在体育过程中个人和群体的心理与行为的变化及其发展的规律。体育参与者行为的产生，实际上就是个体的人对外部环境的反应，即体育行为是个体心理特征和外部环境相互作用的产物和表现，与一般行为一样，这些因素之间存在同样的函数关系。具体看来，体育行为是人性和技术的结合。只有充分发挥人的主体作用，才能获取技术所能带来的身心健康和运动成绩提升，才能实现人所向往的目标。大致来说，与体育行为有关的内部心理因素主要有情绪、意志、激励等。

①情绪调节

所谓情绪是指个体受到某种刺激后所产生的一种身心状态。它是体育活动参与者的需要是否得到满足的反映，同时又因个体的主观体验不同而千差万别。体育方面的需要是体育情绪产生的基础，而客观事物是否满足人的需要，将决定个体产生什么样的情绪体验。当然，情绪不是自发的，而是由刺激引起的，这些刺激多半是外在的，但有时是内在的。刺激与主观需要的相关性是情绪产生的前提。情绪与认知活动是密切相关的，即相同的体育活动方面的刺激未必引起同样的情绪状态，而是表现出与个体的运动态度及认识相一致的行为。情绪状态也是不易由自我控制的，尤其是体育方面的情绪更是如此。情绪体验的产生尽管与个人的认知有关，但在情绪状态下，伴随着产生的生理变化与行为反应。在通常情况下，当事人无法轻松做到自我控制。

表达情绪的形式是多种多样的，比如，面部表达主要通过面部肌肉的活动来表现情感，一方面，可以表达出情感表达者的内心状态；另一方面，别人也可以通过面部表情来了解当事人的心理状态，从而达到双向交流的效果。在体育情绪的表达中，肢体语言是一种很重要的手段，以各种肢体动作代替语言来表达情感。而语言的表现除了能传递大量的语言信息外，还能传递比语言本身含义更多的情绪信息。运动员的情绪特点很显著，不仅情绪丰富强烈，而且情绪波动大，易冲动。有些年轻的运动员不能保持镇定冷静，不能客观地看待问题，也不能很好地约束自我、处理突发情况。另外，运动员情绪的外在表现与其内心体验并不完全相同，一些运动员往往会在特定的情况下隐藏或压抑自己真实的情绪，表现得内敛而冷静、沉稳。

良好的情绪状态可以促进体育参与者更积极、主动地参加体育运动，从而实现自身目标。运动领域中的良好情绪包括自信、适度焦虑、热情、乐观等。自信是一种良好的心理品质，是一种对生活的积极态度，这种无形中的力量会不断地使自我和生命变得更加完善和充实。自信的人时刻对自己、对自己的能力、对自己的价值充满信心，因此，他们能在任何事情上都竭尽全力，展现出积极进取的精神。适当地保持焦虑能使人们的工作更有成效。在适当的焦虑状态下，个体的思维能力、反应速度、动作敏捷性都会得到锻炼和提升，从而达到身体和心理的和谐发展。当我们充满激情和乐观的时候，感觉和心情会变好，身体也会变得更健康。精神医学也证实，当我们心情好的时候，我们的胃、肝脏、心脏等器官都能更好地发挥它们的作用。

运动情绪调节既关系到人的身心健康，也关系到人是否能够融入社会、取得职业成就和更好地享受人生。因此，适度有效地调节运动行为情绪是至关重要的。

②意志培养

在确定目标时，人能够自觉地对自身的行动根据自己的目的进行调节支配，克服困难，去实现预定目标的心理过程，这就是所谓的意志。意志作为一种突出的表现形式，充分体现了人的主观能动性。决心、信心和恒心作为意志结构的三个重要的心理因素，对人的意志行动产生相互作用、相互渗透、共同制约的作用。

意志品质在体育行为中对体育目标的完成提供了重要保证。当一个人在进行体育活动时，意志品质是推动他积极、主动地去完成的强大动力。因此，在整个体育行为中，体育意志品质的培养有着重要的意义。首先，只有率先树立远大的志向，才能为良好的意志品质的培养打下坚实的基础。那么，目标是否远大、是否具有较高的社会意义将决定着个人是否能抑制私利和牺牲自我，是否能在困难面前不低头，自强不息，不达目的誓不罢休。其次，要提高认识能力，增加知识的广度和深度。人们在目的明确后，在行动之前，还必须选择适当的方式、方法去行动，而丰富的知识经验对于人们选择较优的方法，以及保证在以后进行活动过程中的效果，都是必不可少的。再次，树立强大的自信心。在体育活动中，每一个体育参与者都应经常鼓励自己，相信自己的实力，相信只要持续、科学地锻炼就能达到自己相应的目标。最后，要培养健康的情感，将其作为意志活动的推动力。人们在进行活动时，情绪和情感能够提供强大的精神动力，尤其是那些遭遇到困难和挫折，被认为是难以完成或者十分复杂的任务。一个人的斗志会被积极的情绪和情感所激发，并相信自己一定能够走出困境。

③激励机制

激励，作为心理学概念，是指持续激发人的动机的心理过程。在被赋予了新的意义的行为学中，激励是指一种精神力量或状态，起着加强、激发和推动的作用，引导行为指向目标。激励如果被用于体育行为，就会调动运动员的积极性，其效果好坏的关键在于动机是否被激发以及行为的积极程度。

“弗鲁姆的期望理论”由美国心理学家弗鲁姆于 1964 年提出，他认为：只有在对人的行为的预期有助于个体实现某个目标的情况下，个体才会被激励去行动以达到目标。弗鲁姆指出，一个人无论在什么时候，在付诸对某件事以行动时，他所获得的激励动力就是他对这一行动的期望值乘以预期这种结果将会达到所要求的程度的概率得到的乘积。用公式表示为：

$$M\text{（激励动力）}=V\text{（效价）}\times E\text{（期望值）}$$

该公式表明，进行激励时要处理好三个方面的关系。第一，努力与成绩的关系，即个人能否通过努力来取得相应的成绩，达到自己的目标，取得成绩，这直接影响激励的程度。第二，成绩与奖励的关系，在取得成绩后，能否得到相应的奖励，也对人们的积极性产生了一定的影响。第三，个人需求能否被奖励满足的关系，由于不同形式的奖励对于不同的人所能满足其的需求程度不同，能激发的工作动力也就不同，因此，多样化的奖励形式对于激励的满足有着重要的影响。

对体育参与者进行激励，首先，要坚持有效激励的原则，即不断提高参与者自主精神，加强其责任感；坚持物质激励和精神激励相结合；坚持个人激励和团队激励相结合；实事求是，因机制宜，加强思想道德教育。其次，要正确运用激励的方法和策略，通过调查研究，深入了解体育参与者的心理需求和人格类型，正确分析体育参与者参与体育锻炼的动机，并采取不同的激励方法。

（2）外部环境与体育行为

①外部环境的概念

环境是影响有生命事物的所有因素和条件。在通常情况下，自然环境（physical environment）和社会环境（social environment）共同组合成了人类环境。其中，自然环境是指某个国家或地区所处的地理位置、地形特点、海陆分布、水文状况、气候状况、自然资源等。具体包括地形、地貌、气候、季节，以及湖泊、山川、空气、道路、动物、植物的状况和特征等。社会环境指的是社会人文现象、社会舆论、文化和人口，以及社会中政治、文化、经济等人与人之间相互联系、相互作用的方式，具体包括家庭、群体、学校、社区、政府、阶级、国家、文化等。人们的行为会受到环境的影响，体育行为亦是如此。同样，自然环境和社会环境也是影响体育行为的外部环境因素。

体育行为所依存的外部气候、地形和体育设施等条件共同构成了影响体育行为的自然环境因素。具体来说，就是体育活动在进行时是否具备适宜的天气，体育场地是否适合运动，体育设施是否对应需要承载的体育行为。而社会环境对体育行为的影响就会有比较大的范围，主要涉及的因素包含人文、道德、人口、政治、经济等方方面面。其中，对体育行为产生影响的主要的宏观因素就是文化环境、政治、人口和经济环境。而实体性的微观环境则包括体育行为者的角色、体育团队（群体）和体育协会等。

②自然环境对体育行为的影响

自然环境在人类实施体育行为的过程中，是基础性的影响因素，在促进或制约体育行为中，起到了决定性的作用。自然环境不只是体育现象的物质基础，还是所有人类社会生存和发展的物质基础。体育活动的开展会受到是否具备实施该体育行为的物质条件的影响。

例如，在室外体育活动时，天气制约作用对活动的开展就会至关重要。而对于室内的体育活动来说，体育场地、器材是更为重要的影响因素。当然，对自然环境的依赖程度也会随着体育项目的不同而各具差异。比如，对天气状况的依赖程度，帆船项目就比足球要高；对路面的依赖程度，场地自行车比公路自行车要求要高；对运动器材的要求程度，射击和球类运动的要求也不尽相同；等等。

自然环境对体育行为的影响主要有：

第一，体育行为乃至整个体育社会的发展都会受到自然环境的促进或制约，自然环境对体育运动的发展来说起到了加速或减缓的作用。体育活动发展的规模、速度因不同的民族、国家或地区的自然环境的差异，而出现发展的差异。

第二，体育行为实施的内容也受到自然环境的影响。体育活动的内容包含着不同的体育行为，不同的体育运动对社会的物质需求因活动内容的不同而具有差异。体育行为的差异很多时候都是由地域、气候等自然环境因素造成的。例如，骑马、射猎等项目在游牧民族盛行，摔跤、舞蹈和球戏等项目在农业民族盛行，投掷、划船等项目在渔猎民族盛行。这些都展现了在地域文化的烙印下，自然环境对体育活动的影响。当然，体育行为与自然环境二者也是相互促进的，自然环境也因为体育行为的发展，在一定程度上得到了改变。例如，奥运会场馆的修建，各种野外体育场地的兴建，都是改变自然环境的某种形式。

外部自然环境与体育行为之间既存在有益的影响，也存在不利的影响。在提倡和遵循人文精神的前提下，以人为本和可持续发展的理念得到了广泛认可并逐渐成为主流认识。因此，与自然环境的和谐发展对于体育活动来说是十分重要的。这不仅需要充分地挖掘人的主观能动性，还要遵循自然规律，在尽可能地发挥体育行为的应有效用的同时，实现保护与优化自然环境。要想让自然环境能够更好地为体育行为发展服务，就需要使体育行为的实施与周围的生态环境相适应，不要产生急功近利的思想，重视保护赖以生存的环境免受破坏。由此社会环境的发展也会受到体育行为的影响。

③社会环境对体育行为的影响

第一，体育行为和文化。人们的体育价值观会受到人类社会环境的影响和制约，进而影响这个体育领域的发展。相对而言，社会环境的发展也受到体育的促进或阻碍。文化在这一众社会环境因素中影响较为深刻。在我国，传统文化内容十分丰富。尽管有的文化元素对体育行为的发展有着抑制、制约的影响，但更多的是对体育行为发展有益的元素。农业习俗和农耕环境在我国历史上有着较长时间的统治地位。同时，安闲平稳的度日生活态度也使中国人适应了那样的生活。在节日庆典上，我们看到的那些人们喜闻乐见的技艺表演，不少都带有丰富的体育元素。这也离不开我国百姓长期的劳动情愫以及民间丰富的民俗节日。而各个少数民族的体育文化受到人文环境的影响表现得更为突出，甚至一些带有民族特色的体育活动节日也因此形成。例如，广西壮族的“打榔节”，苗族、侗族等民族的“赛龙舟节”，瑶族的“达努节”等，都促进了民族体育的长足发展。

第二，体育行为和政治。在原始社会是没有阶级划分的，这就导致体育与政治没有很多交集。在人类进入阶级社会后，体育与其他社会现象产生越来越多的联系，而当资本主义社会到来后，体育在国际上的地位愈加突出。在阶级社会中，体育作为一种政治工具，按照统治阶级的政治要求来进行规制，而在现代社会，这种情况更加突出。政治问题的解决利用体育的方式来完成，或是把政治问题的解决以体育作为切入点，可以更好、更自然地化解政治问题，而这种政治功能变成了体育行为的非本质功能之一，即政治功能。体育功能的政治化，只要在体育本质功能（健身、娱乐功能）允许的范围内，即在不完全排挤体育的本质功能而只是一味强调体育的政治功能的情况下，对体育行为本身的发展仍然是有促进作用的。例如，当年闻名全球的“乒乓外交”不仅解决了冷战时期中美两国的外交问题，成为一次成功的破冰之举，更进一步推动了中美两国乒乓球事业的发展，促进了相关体育行为的发展。此外，在我国举办的北京奥运会，国家从政治的高度对之进行了干预和保障，很大程度上保证了该届奥运会的成功举行。然而，完全不顾体育本质的“政治体育”行为，将会对正常的体育行为发展产生抑制、阻碍的作用。

第三，体育行为和经济。在现代社会，体育行为和经济二者是相互促进、相互影响的。一方面，体育行为的实施依靠经济作为基础。经济条件对体育行为的制约和促进体现在规模、水平、质量等各个方面。另一方面，体育行为也能积极促进经济的发展。行为主体能够在体育行为中提高自身的健康状况与心理娱乐程度，这节省了大量的医疗开支，而且更多、更好的劳动产品也将会被劳动者创造出来。

当然，我们应更多关注社会环境对体育行为的影响。但是，自然环境与社会环境彼此是相互交融、相互影响的，最终对人类的体育行为产生共同影响。在研究人类体育行为时，很难对这一行为究竟是受自然环境还是社会环境的影响进行判断。而且，人类在选择、改变和创造更能满足自身体育方面需要的环境的行为一直都在持续着。现代社会的体育环境大多数都是自然因素和社会因素相结合的产物，是人们经过选择或者加工、创造的结果。

（三）体育行为的基本特征和层面

1. 体育行为的基本特征

适应性、复合性、变化性、多样性和积累性等特点是体育行为具有的重要特征。

第一，适应性。人类对体育环境的主动适应造就了体育行为的产生，这是人类个体与其所处的体育环境之间相互作用的结果，这体现了体育行为的适应性。在通常情况下，生物学会按照学习方式将人的适应性学习分为四种：习惯化学习（habituation learning）、印随性（铭记性）学习（imprinting learning）、联系性学习（associative learning）和洞察性学习（insight learning）。

人类的体育行为是人类特有的，这与人类行为适应性的普遍规律相符合。人类本身具备的强大的学习能力会在进行体育的过程中展现出来，使其能够不断适应体育环境的改变，最终成功建立起新的体育行为方式和体育行为系统。

第二，复合性。人的生理、心理、社会、文化等多种因素共同作用影响了人的体育行为，这体现了体育行为的复合性。体育行为的复合性使得体育行为的逻辑和机制比较复杂，难以预测和控制。这也是为什么关于体育行为的研究要综合生物学、医学、心理学、人类学、社会学、政治学等多门学科知识的原因。

第三，变化性。不断的发展变化是人们体育行为的一大特点。例如，被青少年广泛喜爱的是竞技体育类，而休闲体育和体育养生则是中老年人比较喜欢的类型。体育环境、体育意识与人们的体育行为有着十分密切的关系，而体育环境的改变以及人们对体育认识的变化也会影响人们的体育行为的变化。一般来讲，因体育环境得到了改善、对体育的了解拓宽了，就会表现出更多形式的体育行为。

第四，多样性。在行为方式上，个体之间有着较大的差异，体育行为的多样性也因此得以呈现。

个体的体育行为受年龄、教育程度、社会地位、地域等多种因素的影响，体育的内容、目的、体育中心理活动状况的不同，使其体育行为也就有不同的表现。体育行为的差异源于生物、心理、社会、文化等多种因素，这些因素互相影响、彼此叠加，使体育行为变得非常复杂。

第五，积累性。人类强大的学习能力不仅体现在对前辈体育行为方式的继承和模仿，还体现在不断改造和创新继承下来的体育行为方式。

2. 体育行为的三个层面

为什么人的体育行为表现得多种多样、丰富多彩呢？行为科学认为，在现实中，人的行为千差万别是由于复杂的个人生理（生物）、心理和社会因素的影响。这主要表现在以下几个方面：

（1）生理层面

人类行为的发展是遵循生物有机体发展的客观规律的。这主要表现在以下几个方面：

第一，遗传信息控制着人的基本生物性状，人的意志不能左右这一事实。

第二，个人社会发展的基础是个人的体质状况。“身体是革命的本钱”就印证了这个道理。个人的社会发展依靠其身体健康或者其具有某种生理特长。而身体衰弱或有生理缺陷往往会导致个人社会发展的不利局面。

第三，每个人基本的生活节奏和生命周期都为人内在的“生物钟”所影响。大到生老病死，小到生长发育过程中的某些环节或阶段，这些都是“生物钟”的作用范围。而人们在生命历程中的重要转折点或生命事件，往往都是由这些事构成的。

运动是离不开人身体的，运动方法、手段的选择，以及运动负荷、运动时间的控制与运动主体的身体条件（身体形态、机能和身体素质）有着密切的关系。人的生理结构是运动的物质基础。人与人在生理特征上具有很大的差异性，这种生物学上的差异会不同程度地影响人们的体育行为，主要表现在以下几个方面：其一，形态方面，人的身高、体重、体形等身体形态因素影响着人们的体育行为；其二，机能方面，人的心血管系统、呼吸系统、运动系统、神经系统、泌尿系统的功能影响着人的体育行为；其三，身体素质方面，人的力量、速度、耐力、柔韧和灵活的身体素质影响着人的体育行为。

（2）心理层面

人类行为能够在人的潜意识、无意识和有意识等的心理过程中，获得重要动力。人的生理条件和心理因素共同影响着人们的体育活动方式。

一个人的体育行为的产生及其变化，受到其人生观、体育价值观以及个性心理特征等主观因素的影响。

（3）社会层面

人的体育行为除受生理和心理因素影响外，还会被社会因素所制约。换个说法，体育行为的内部环境由生理和心理因素共同组成，而体育行为的外部环境由社会因素构成。实际上，如果从社会学的角度去分析人的体育行为，就会发现，人在体育中的体育行为是一个角色扮演的过程。

二、体育行为的分类

体育行为的形式、方法、内容是多种多样的。刘一民在《体育行为学》一书中对体育行为进行了这样的划分①：

第一，体育的个体行为和体育的群体行为共同构成了行为主体范围的大小。

第二，根据行为的目的不同，可以把体育行为划分为体育学习行为、体育锻炼行为、体育训练行为、体育娱乐行为、体育竞技行为、体育医疗行为、体育管理行为、体育科研行为、体育宣传行为。

第三，根据行为主体的意识不同，可以把体育行为划分为体育的意志行为、体育的交往行为、体育的创造行为、体育的美感行为、体育的竞争行为、体育的挫折行为、体育的攻击行为。

第四，根据行为主体的不同，可以把体育行为划分为运动员行为、教练员行为、体育教师行为、比赛的观众行为、体育领导行为等。

对行为的评价标准的分类，我们通常会在社会工作中将其划分为正常行为（normal behavior）和非正常行为（abnormal behavior）。以下这些行为标准只有同时符合才属于正常行为：第一，对社会普遍认可的价值规范表示认同，或保持与

① 刘一民. 体育行为学［M］. 北京：人民体育出版社，1993.

社会中绝大多数人的行为相一致；第二，在生理和心理方面，符合人类行为的一般发展规律，并且拥有良好的发展情况；第三，在生理、心理、社会等方面，其行为的发展是平衡的、和谐的。反之，如果有行为不符合上述的任意一条标准，那么这一行为被称为非正常行为。非正常行为往往会给个人、家庭和社会带来困扰，因此是需要社会工作加以矫正或改变的。

基于这种划分标准，体育行为可以划分为正常的体育行为和非正常的体育行为。

我们还可以按照体育的基本内容进行划分体育行为，这样划分的结果是：大众体育行为、体育教育行为、竞技体育行为及其他形式的体育行为。

从体育的作用来看，体育主要表现出政治、经济、教育、健康、文化等功能。因此，按照体育的功能可以划分为体育政治行为、体育经济行为、体育教育行为、体育健康行为、体育文化行为等。这种划分基于大体育的观念。

第五节　学校体育与学生体育行为的关系

一、学校体育课教学对学生体育学习产生影响

人在一生中所接受的教育基本都是在学校完成的，特别是在初中阶段，学校教育对学生三观的形成，对其思想的启蒙都有着深远的影响。学生的体育行为与学校的体育课教学有着直接的关系。学校体育课教学的目的是提高学生的体育运动素养，使学生在具备良好的体育素养的基础上，可以有效地参与终身体育活动。体育课的教学效果主要从学生身上体现出来，而体育课的各个要素也是围绕着学生进行的。

（一）教学主体和教学理念对学生体育学习的影响

1. 教学主体对学生体育学习的影响

体育课教学作为一种双边的活动，包含教师的教和学生的学，需要师生的共同参与。在教学主体分类方面，有卢梭、杜威等人的“学生中心论”和以赫尔巴特等人为主的“教师中心论”，但是这两种观点都比较极端化。随着时间的推移，又出现了“主导主体论”“双主体论”“过程主体论”“阶段主体论”四种较为主流的观点，同时还有“三体论”“复合主体论”“层次主体论”等一些理论，这些理论处于“教师中心论”和“学生中心论”之间。在实际的体育课教学中，在学生方面，要注意学生心理发展的一般特点和学生的认知水平，同时还要把握影响学生学习的认知因素和非认知因素；在教师方面，明确教师的职责和角色特征，优化教师专业知识结构和专业教学能力。除此之外，要注意在教学过程中师生的相互作用。

实践表明，在体育课教学过程中，教师的主导作用以及学生的主动参与对于进行一堂体育课的教学活动是非常必要且有帮助的。所以，在体育课教学中，要注意体育课程的不断优化、规范以及师资队伍水平的进一步提高，以此来提高全体学生的主动性，使学生更加积极主动地参与体育活动。

2. 教学理念对学生体育学习的影响

体育教学理念即为体育学科中的教学理念，也是对体育活动的一种看法和认识。体育教学理念不仅有理论层面，也有操作层面。在实际体育课教学活动中，

体育教学理念可以作为一种载体，赋予体育课教学更多的意义，例如，赋予学科素养、运动处方、终身体育、职业素养、立德树人、全面育人等种种指导思想于体育教学活动当中去。教师在体育教学理念的指导下，面向全体学生，培养其良好的体育价值观。通过日常体育课教学活动，教师教授学生相关的运动技能，使学生能够掌握一到两项运动技能，同时能够了解掌握一定的运动技能的学习方法，为学生能够更好地进行终身体育奠定一定的基础。

体育课的教学理念对于体育课活动具有引导和带领的作用，不仅关系到教学目标的设立、教学计划的安排等方面，而且对于师生开展怎样的体育课以及课堂的良好状况也具有一定影响。教学理念不仅是整个学校体育课教学活动的引导和基础，而且还能从一定程度上反映出一个学校的体育水平。学校要通过不断优化和提高教学理念，来更好地服务于体育课教学活动以及学生体育素养的提高。

（二）课程教材、组织形式对学生体育学习的影响

1. 课程教材对学生体育学习的影响

学校体育课由许多方面构成，包括教学主体、教学的理念、教学的组织形式及方法、课程教材、评价管理机制等因素。这些课程的科学设置以及影响因素之间的相互作用，能够对体育课较好的开展，以及使学生通过对体育课的学习，进而养成良好的体育素养起到一定的帮助作用。

教材不仅包括课本，也包括教师参考用书，还包括学生的自学指导用书。体育教材可以使教学活动的进行有了一定的依据，也使得教学活动能够更加有序地进行。

随着社会的进步和发展，音像教材等的不断普及对于教学活动的更好进行有着非常大的作用。通过教材，教师可以做到教有所依，学生能够做到学有所依。体育教材依据教学大纲，在综合考虑学生生理、心理等方面因素的基础上进行编写，这对于学生的体育学习是十分有帮助作用的。

在初高中阶段，学生体育课主要以技能学习和身体练习为主，直接进行体育教材的理论性知识学习较少，再与一般文化课理论学习相比，就显得作用不是十分明显。另外，由于场地设施等方面的限制，一些学校无法按照体育教材上面的课程进行教学，也显得体育教材的作用不是很明显。因此，在体育课教学活动中，要结合教材，因地制宜地开展体育活动，同时利用多种手段进行体育课教材理论

知识部分的教授，使学生可以更加清晰且直观地学习了解理论知识及其作用。

2. 组织形式对学生体育学习的影响

教学的组织形式一般来讲为班级授课制，学校体育课亦是如此。班级授课制可以更好地发挥集体的教育作用、提高教学效率等优点。而在体育教学过程中，按兴趣分班、按男女分班等分班方法，对于体育课教学来讲，可以在以学生为主体的基础上，取得更好的教学效果，利于学生更好地学习体育。但是，在实际学校体育教学中，由于学校班级众多，场地设施不够完善等原因，使得目前大多数学校体育课的课堂组织方式还是以班级授课制为主，但是这并不能否定班级授课制的优点。班级授课制对于学生的体育学习仍具有相当大的优势和作用。教师在教学过程中要采取丰富场地器材、合理划分体育课班级人数等措施来进一步提高体育课教学组织水平，从而更好地发挥其作用。

3. 教学方法对学生体育学习的作用

单从体育课教学方法分类来看，包括讲解法、问答法、演示法、示范法、游戏法、情景法等。教学方法的运用会根据体育授课项目或者体育教学环节的不同而有所差异，每种教学方法蕴含着作用的差异，并受到各种不同因素的影响。一个体育教师的教学素养表现在，能够根据实际需要，选用恰当的体育教学方法，并灵活运用于体育课的教学活动中，最终产生良好的教学成果。

同时，教师也要针对学生的各种情况，在教学活动过程中，采用不同种类的教学方法进行教学。

（三）教学环境和评价管理对学生体育学习的影响

1. 教学环境对学生体育学习的作用

教学环境是体育课教学活动当中的一项基本要素，影响着学生体育课的学习。学生身心特点和体育学习的需要是体育课教学环境创设的基础和前提，是结合体育教学的目标而设计组织起来的，具有一定的规范性。体育课的教学环境可以根据体育课的需要进行一些必要的调整。例如，通过场地设施的建设来更好地保证教学活动的进行，通过兴趣化等班级的组织调整来保证教学活动结果的优化，从而使学生在体育课堂上可以得到更好的体育教育，具有一定的可控性。体育课的教学环境本身就是为学生体育健康素质的发展服务的，相对于其他环境来说，更具有纯化性，因此更有利于学生体育知识的学习。此外，教学环境是一个使人受教育的场所，无论是其所要实现的体育目标还是构成因素，都是具有教育意义的。

教学环境对学生体育学习活动的影响主要表现在学生体育智力的发展、学生体育学习动机、学生体育课堂行为、学生体育学习成绩等方面。在学生体育智力的发展方面，良好的教学环境因素可以有效地帮助智力的发展。因此，无论从生理上还是心理上，体育课堂上良好的教学环境因素的刺激，对于学生体育智力的发展都是必不可少的。在学生体育学习动机方面，学生的体育学习是由其动机直接推动的，而在体育课中，教学氛围、师生关系、教学环节等各种教学环境的潜在因素都能够影响学生体育学习的动机。因此，良好的学习环境对于学生取得良好体育学习效果是必不可少的重要环节。在教学环境的物理因素方面，例如，班级规模、队形的编排、课堂场地颜色等都能影响着学生的课堂行为。而在教学环境的社会心理因素方面，需要重点关注学生的集体规范。集体规范作为一种无形的力量，一旦形成，对于引导、规范学生的课堂行为有着重要且无可替代的作用和意义。学生体育学习会受到体育教学环境的各个方面的影响，因此，良好的体育教学环境的建设，对于学生体育学习以及体育成绩的提高都能够起到重要的作用。

2. 教学评价对学生体育学习的作用

教学评价，在内容上包括教师的教学工作评价和学生的学习质量评价两个大的方面。通过对体育教学工作进行评价，可以使体育教学目标、体育教学内容安排、体育教学结构等进一步优化提高，从而有利于更好地开展教学工作。通过对学生体育学习质量进行评价，可以明确学生体育学习的情况，这对学生进一步学习体育有一定的帮助作用。

教学评价在目前来讲是一种较为有效、直观教学质量的评价手段，对教学质量的提升具有一定的促进作用。但是，在实际操作过程中，不能只看评价结果，更应该注重过程性评价和其他方面的评价，并综合运用多种评价方式，从而得出一个较为科学合理的成绩结果。另外，要充分发挥教学评价的激励作用，合理运用教学评价的反推作用，从而提高体育教学水平和学生体育素养水平。

3. 教学管理对学生体育学习的作用

科学的教学管理涵盖了教学计划的管理、教学组织的管理、教学质量的管理等方面。对教学过程管理、教学业务管理、教学监控管理、教学质量管理等方面进行优化，对学生的体育学习是十分有帮助的。科学的教学管理，首先，可以建立稳定的体育教学秩序；其次，有利于提高教师的积极性和学生自我学习的主体意识。这对于提高体育教学工作效率、保障体育教学工作的开展以及提高教学质量有着十分密切的关系。

科学的教学管理对学生体育学习的进一步提高有着重要的作用。

要将学校体育课的教学组织管理落实、明确到体育课教学的各个环节，尤其是对体育课时数的保证。在中、高考的大背景下，时而出现体育课被挤占的现象。这是最直观的问题，这使部分学生得不到应有的锻炼时间，导致部分学生认为教学组织管理对于体育学习作用并不是很大。因此，要采取比如根据教学大纲和实际情况来制订教学计划并执行，以及对体育活动时间优化安排等措施来保证学生体育学习和活动的需要。这样不仅可以提高学校体育组织管理水平，而且还可以通过高水平的管理组织促进学生的体育学习，从而更好地提高学生体育素养。

二、学校体育课教学对学生体育文化素养方面的影响

探究体育课教学对学生体育文化素质的影响，主要从以下几个方面进行分析：

第一，在体育课堂上对学生运动态度、情感和价值观的影响。体育教师根据学生实际情况，以科学的教育方式促使学生提高参与体育活动的兴趣，帮助学生树立积极健康的运动态度，有助于加强学生在体育活动中的美好情感体验，对学生建立健全体育运动价值观具有潜移默化的熏陶作用。

第二，体育教师在课堂上运用科学的教学理念以及专业的教学平台有利于学生形成长久的体育运动习惯，并把这种习惯引入生活中，而不再局限于学校体育课教学的形式。

第三，培养出学生浓厚的参与体育锻炼的兴趣也是体育课堂对学生体育文化素质的积极作用之一。体育课堂具有专业水平的体育教师、多样完备的运动器材、场地以及学生群体的广泛参与，很容易培养出学生个体对运动锻炼的兴趣，学生也能在日后的工作与学习中坚持下来。

第四，在体育课堂上，体育教师通过言传身教的方式不仅能够增加学生的体育科学理论知识，提高学生的文化素质水平，更能够帮助学生树立起高尚的体育品德，把体育运动的内核精神具体化地表达给学生。简而言之，体育课教学对学生体育文化素质的影响是多方位、深层次的综合性终身影响。

三、学校体育课教学对学生体育能力素养方面的影响

体育课教学对学生进行终身体育活动所需能力的影响，可以大致分为以下几个方面：

第一，体育课堂通过先进科学的教学理念能够提升学生的积极性，使学生学习必备的体育知识技能，从而为学生创造了进行终身体育活动必不可少的条件。

第二，体育课教学能够让学生的学习能力得到相应的发展。从横向来看，对体育课教学内容的自主探究能够增强学生的自主学习能力，课堂分组合作练习等方法能够增强学生间互相合作的学习能力；从纵向来看，学生在课前的自主预习、在课后的主动练习巩固与在课堂上体育教师的精讲教学三者保持统一，对帮助学生养成自主学习能力有着不可或缺的作用。

第三，体育课堂能够让学生参与实际的体育学习过程，并在参与运动的过程中进行自我分析，发现自身的问题与不足，进而提高运动评价能力。

第四，在体育课堂上，教师具体的教育行为和科学的教育理念有助于学生对健康行为的定性与实施进行深刻把握，并将其运用到日常生活中去。

此外，体育教学还对学生的运动思维调控、运动负荷调控与心理调控具有宏观的影响，让学生即使脱离体育课堂也能根据自身状况制订属于自己的运动规划，并在运动过程中随时进行自我调节。

四、学校体育课教学对学生体育活动所需环境的影响

学生不仅能够在体育课教学中学习体育文化知识和运动技能，而且还能促进构建学生进行体育运动所需的相关环境。一般情况下，物理环境和社会人文环境共同构成了学生运动的环境。运动场地、器材设备等组成了学生运动的基本的物理环境，体育课教学活动的正常开展必须以这些物理环境作支撑。反之，对更好的外部物理条件需求的提升，是伴随着体育课教学水平相应提升的，所以说这对学生运动的物理环境起到了一定的积极推动作用。学生只有在良好的条件下进行体育活动，才能让体育活动变得有效、高效。因此，学生的运动技能在参与课外体育活动中能够得到进一步提升，而且还能提升学生的运动价值观等体育素养。

第二章　青少年体育事业发展的重要意义

自 2019 年国务院办公厅印发《体育强国建设纲要》（以下简称《纲要》）以来，明确提出："青少年须掌握 2 项以上运动技能及丰富青少年体育赛事活动。"[①] 这已经成为当前各学校体育改革和发展的热点问题。

《纲要》指出，政府、国家教育行政部门以及各级学校要将学生的体质健康水平纳入学校评估体系之中，将提高学生的体质健康水平列为一项重要任务，这充分说明青少年的体育发展在强国建设中发挥着重要的作用。但是，目前《中国义务教育质量监测报告》[②] 指出：按照教育部开齐开足体育课的标准，我国有高达 44.3% 的小学四年级以上学生不能按标准进行体育锻炼，而对于临近升学考的初三和高三学生来说，他们的体育课更不能完全开放。在体育赛事方面，我国青少年体育赛事的开展依然面临着许多挑战和不足，这些都不同程度地限制了我国青少年体育事业的发展。而审视如自主学习、课后锻炼等体育行为的状况就更加说明目前中学生体育事业存在进步的空间。

实际上，从我国竞技体育后备人才的缺乏、青少年体质健康不断下降等问题，我们只看到了学校体育工作存在的局限性，而没有从立体多维度发现问题。社会生态学理论的切入可为从多角度、全方位发

① 国务院办公厅关于印发体育强国建设纲要的通知［J］. 中华人民共和国国务院公报，2019（26）：6-13.

② 本刊编辑部. 我国首份《中国义务教育质量监测报告》发布［J］. 平安校园，2018（8）：20-23.

现和解决问题提供新的视角。社会生态学源于心理学领域，主要用来解释身体活动的影响因素，是研究人类社会组织及社会行为与生态环境之间的一门学科。

学界开始从社会生态学的视角思考影响青少年体育行为的多种因素，以拓宽视野来改善学生体育行为的不足。本书将初中学生体育行为促进放到综合的社会环境下去思考，从学校体育基础阶段着手，以《体育强国建设纲要》的“青少年体育发展促进”工程为切入点，将研究范围界定为体育学习行为、体育锻炼行为和体育竞赛行为三个方面，并从体育课到体育赛事活动的开展，从体育学习行为到体育锻炼行为，综合探讨影响初中学生体育行为的多方位原因，注重问题的指向，从而为促进学生体育行为的发展提供策略与帮助。

本书以我国辽宁、云南、山东、广西、江苏 5 省 7 所学校初一、初二、初三的学生、家长、教师为主要研究群体。从客观条件以及国家相关政策层面探讨现如今体育课和体育竞赛等能真实反映学生体育能力的情况。同时，本书以影响学生体育行为的因素为研究对象，深刻分析其中存在的问题，试图在体育强国的背景下，以社会生态学理论为基础，从个体、家庭、学校、社区和政策五个层面系统地剖析影响初中生体育锻炼行为的主要因素，构建初中生“体育行为促进”模式模型，然后通过构建的模型各路径系数影响的估值对相关层面进行干预，进一步细化个体、家庭、学校、社区和政策等层面因素对初中生体育锻炼行为的积极影响。

同时，本书清楚地认识到现如今初中体育课和体育比赛的发展水平，提出相应的建议措施，对更好地认识初中体育的发展具有显著的理论与现实意义。

本书研究对于体育强国战略的实施，促进青少年运动技能的掌握以及青少年体育赛事活动开展和竞赛体系的建设都有一定的理论意义和现实意义。以此从普及开齐开足体育课到提高体育赛事活动，以至带动学生体育行为的良性发展，更好地助力我国体育强国的建设。

一、理论意义

目前，我国关于影响初中体育行为促进的研究主要从集中在个体自身因素或单一环境因素方面进行，而从综合个体和环境因素系统分析初中体育行为促进的研究较少，因此，要以社会生态学理论为出发点，从个体、学校、家庭、社区和政策等层面多维度、多层面系统地分析初中生体育锻炼行为的影响因素，丰富并补充该领域研究，有助于青少年体育行为促进模式的研究以及干预策略提供理论依据和参考。

二、实践意义

首先，在基于社会生态学理论的基础上全面系统地探索个体、学校、家庭、社区和政策对初中生体育锻炼行为的影响因素。

其次，通过揭示不同层面的潜在影响因素对构建初中生“体育行为促进”模式的影响，进一步地拓宽在该领域的视野。

最后，对调查过程中存在的问题提出对应干预策略，为能够有效地构建初中生“体育行为促进”模式模型提供理论支持，为促进青少年体育锻炼行为和运动技能的学习与掌握提供指导和帮助。

第一节　我国学校体育政策性指导文件的颁布

初中生“体育行为促进”教学模式模型构建的目的在于促进学生的体育锻炼行为，并提升学生对体育学习行为和运动技能的学习与掌握，而对于运动技能的掌握从 2007 年以来就受到了国家和各学校的高度重视。

2007 年，《中共中央 国务院关于加强青少年体质的意见》[①]（第 7 号文件）中指出：通过五年的学习时间，让每个学生掌握两项以上的体育运动技能。

2012 年，国务院办公厅在《关于进一步加强学校体育工作的若干意见》[②]（第 53 号文件）指出：让每个学生至少学会两项终身受益的体育锻炼项目。

2016 年，国务院办公厅在《关于强化学校体育促进学生身心健康全面发展的意见》[③]（第 27 号文件）中强调：学生应该熟练掌握一到两项的体育运动技能。

2016 年，中共中央、国务院在《“健康中国” 2030 规划纲要》[④] 中提到：要求青少年熟练掌握至少一项体育运动技能。

2017 年，教育部在《义务教育学校管理标准》[⑤] 中规定：每个学生必须掌握至少两项体育运动技能。

2019 年，《中共中央 国务院关于深化教育教学改革全面提高义务教育质量的意见》[⑥] 再次强调：让每位学生都要掌握一到两项的运动技能。

2020 年，中共中央办公厅、国务院办公厅印发《关于全面加强和改进新时代

---

① 毛振明.《中共中央 国务院关于加强青少年体育增强青少年体质的意见》颁布 10 周年的纪念［J］. 体育教学，2017，37（5）：6-8.

② 高健. 叠加与恒久：“掌握运动技能”若干问题的思考［J］. 体育教学，2019，39（8）：15-18.

③ 国务院办公厅提出关于强化学校体育促进学生身心健康全面发展的意见［J］. 基础教育参考，2016（11）：79.

④ 郭清. “健康中国 2030”规划纲要的实施路径［J］. 健康研究，2016，36（6）：601-604.

⑤ 穆丽平. 在教学中落实《义务教育学校管理标准》［J］. 教育，2019（50）：29.

⑥ 中共中央 国务院关于深化教育教学改革全面提高义务教育质量的意见［J］. 人民教育，2019（Z3）：7-11.

学校体育工作的意见》[①]中指出“逐步完善‘健康知识＋基本运动技能＋专项运动技能’的学校体育教学模式”以及“义务教育阶段体育课程帮助学生掌握一至两项运动技能，引导学生树立正确健康观”。

同年 8 月，《关于深化体教融合促进青少年健康发展的意见》[②]再次强调“充分利用冬夏令营活动，以体育传统特色学校为主要对象，实施体育项目技能培训”“鼓励体校教练员参与体育课教学和课外体育活动，为学生提供专项运动技能培训服务”“选派优秀体育教师参加各种体育运动项目技能培训”。

2021 年，《“十四五”体育发展规划》[③]指出“全面落实中央有关深化体教融合政策精神，推动发挥学校技能普及、体校专业化训练、社会力量个性化培训功能”。

运动技能的掌握是需要经过一定系统的、连贯的、有计划的训练才能得以实现，国家之所以强调运动技能的掌握是希望通过这样的形式来保证体育活动的持续进行，以此增强学生对体育运动的热爱。当然，在强调运动技能掌握的同时，学校体育教学强调大课间活动和有特色的校本课程的开展，以及保证学生每天室外活动 1 小时等政策指导性文件也相继出台，其目的都是要改善学生体质下降的问题，调节学生的身心健康，增强学生的体育运动能力。

为贯彻落实《健康中国行动（2019—2030 年）》《关于全面加强和改进新时代学校体育工作的意见》等文件精神，确保 2030 年《国家学生体质健康标准》达到规定要求：

第一，加强宣传教育引导。各地要加强对学生体质健康重要性的宣传，中小学校要通过体育与健康课程、大课间、课外体育锻炼、体育竞赛、班团队活动、家校协同联动等多种形式加强教育引导，让家长和中小学生科学认识体质健康的影响因素，了解运动在增强体质、促进健康、预防肥胖与近视、锤炼意志、健全人格等方面的重要作用，提高学生体育与健康素养，增强体质健康管理的意识和能力。

---

① 中共中央办公厅 国务院办公厅印发《关于全面加强和改进新时代学校体育工作的意见》[J]. 体育教学，2020，40（10）：5-7.

② 关于深化体教融合 促进青少年健康发展的意见［J］. 体育教学，2020，40（10）：8-9.

③ 中华人民共和国中央人民政府. 体育总局关于印发《“十四五”体育发展规划》的通知［EB/OL］.（2021-10-08）［2022-04-05］. http://www.gov.cn/zhengce/zhengceku/2021-10/26/content_5644891.htm.

第二，开齐、开足体育与健康课程。中小学校要严格落实国家规定的体育与健康课程刚性要求，小学一至二年级每周 4 课时，小学三至六年级和初中每周 3 课时，高中每周 2 课时，有条件的学校每天开设 1 节体育课，确保不以任何理由挤占体育与健康课程和学生校园体育活动。

第三，保证体育活动时间。合理安排学生校内、校外的体育活动时间，着力保障学生每天在校内、校外各 1 h 体育活动时间。全面落实大课间体育活动制度，中小学校每天统一安排 30 min 的大课间体育活动，每节课间应安排学生走出教室适量活动和放松。大力推广家庭体育锻炼活动，要从锻炼内容、锻炼强度和时长等方面进行要求，不提倡安排大强度练习。学校要对体育家庭作业加强指导，提供优质的锻炼资源，及时和家长保持沟通。

第四，提高体育教学质量。中小学校要聚焦“教会、勤练、常赛”，逐步完善“健康知识 + 基本运动技能 + 专项运动技能”的学校体育教学模式，让每位学生掌握一至两项运动技能。要创建青少年体育俱乐部，鼓励学生利用课余和节假日时间积极参加足球、篮球、排球等项目的训练。要组织开展“全员运动会”“全员体育竞赛”等多种形式的活动，构建完善的“校内竞赛—校级联赛—选拔性竞赛”中小学体育竞赛体系。各级体育教研部门要定期进行集中备课和集体研学，适时对体育课的教学质量进行评价，教师的指导要贯穿课程的整个过程。

第二节　青少年体育事业的发展在强国战略中的显著地位

一、青少年体育事业在国家方针政策方面得到显著重视

从国家制定出台的方针政策中，我们能够很明显地看到青少年体育事业的发展在强国战略中的显著地位。

国务院于 2019 年 9 月 2 日正式出台了《体育强国建设纲要》，青少年体育的发展已经不同程度地渗透到各项任务之中，并且“青少年体育发展促进”已经被明确列入到了九大工程建设之列，这充分表明了青少年体育发展事业已经不再仅仅局限于一方面。在政策中，政府、国家教育行政部门以及各级学校将学生的体质健康水平纳入了学校评估体系之中，将提高学生的体质健康水平列为一项重要任务。由此可见，在强国建设中，青少年的体育发展起着举足轻重的作用。

二、青少年体育事业在体育组织方面得到显著重视

尽管中学体育活动的开展还有很多地方不尽如人意，但正因为此，青少年体育组织建设在政府倡导、支持，各部门认真落实，全社会积极响应和参与的帮助下，呈现出快速发展的良好局面。具体体现在以下方面：

第一，青少年体育组织规模不断扩大，数量持续增长。例如，青少年的业余文化生活随着体育活动的广泛开展被极大地丰富了。这不仅在效益上取得了良好的成绩，还收获了社会的普遍赞扬。

第二，对青少年的体育组织形式进行积极探索创新。目前，公益性青少年体育组织形式在政府的资助、创建下，呈现出多样化的发展趋势。相应的组织机构、人员和场地设施等条件，使这些公益性青少年组织具备了相应的体育功能，并且各地的青少年体育组织也都在如火如荼地创建筹办着。

第三，青少年体育活动举办主体、组织形式和内容也更加丰富、多元。目前，全社会都十分关注青少年的体质现状。社会层面对增强青少年体质健康已形成广泛共识，青少年体育发展得到了越来越多的社会力量的参与和支持。虽然公益性

青少年体育活动的举办依然是政府在主导，但企业、社会单位、组织及个人在近年来逐渐加入赞助或举办青少年的体育活动中。“阳光体育运动”这一活动在各地相继开展的过程中，依据各地及学校的自身体育特色，对许多体育活动的形式和内容进行了创新。政府要求学校对学生锻炼时间予以保障，也得到了各级、各类学校的认真落实。“大中学生素质拓展计划”也在各大中学校中得到了广泛的实施，课外体育锻炼、广播操、球类等多种竞赛活动相继开展。

以沈阳市为例，近 10 年来，聚焦“双减”试点城市建设，打造幸福教育品牌，遴选了 42 家场馆和体育俱乐部作为校外体育驿站，在周末、寒暑假及课后时段，为青少年提供篮球、足球、冰上运动等 20 多个体育项目专项、专业公益培训活动，优化青少年健康成长环境。驿站运行以来，共开设公益课 700 多学时，服务青少年 10000 多人次，因此受到学生、学校、家长和社会的好评。

三、青少年体育事业在体育场所方面得到显著重视

我们在日常生活中进行观察就会发现，要想发展青少年的体育事业就必须要为青少年提供物质保障，然而青少年的体育场所就是一项必不可少的物质保障。除此之外，我们还会发现，对学生的体育工作进行检查督导、评估也是体育事业当中重要的工作任务。

随着时代的进步与发展，我们发现国家越来越重视青少年身体健康发展，越来越重视学生的体育活动，并且积极地提高与改善青少年体育发展的办学条件与设施标准，由此，当前青少年进行体育活动的场馆已经发生了巨大的变化与改观，变化主要体现在以下两个方面：

一方面，在青少年进行体育锻炼与活动的场所得到了巨大的改善。经济是改善体育设施的重要基础与物质保障，改革开放以来我国的经济得到了飞速发展，这为我国青少年体育事业的发展创造了良好的条件。具体来说，国家与地方政府利用财政、彩票等资金，在社区、乡村与学校建设体育设施，购买高标准的体育器材，从而让青少年不仅可以在学校享受到良好的体育活动设施与活动器材，而且还可以让青少年在社区等生活场所拥有体育锻炼的场地，进而发展青少年的体育事业。

另一方面，学校和地方的体育场馆都在逐渐开放。为了促进青少年体育事业的进步与发展，国家体育总局和教育部在2006年联合开展了“全国学校体育场馆向社会开放试点区”的工作。这个活动的展开提高了体育场馆的开放率与使用率，同时也推动了学校的体育场馆向社会开放。通过观察发现开放的体育场馆大多是户外场所，比如足球场、篮球场等，开放时间大多是在学生放假的时间段。沈阳市在过去的10年中投入1500余万元在全市配套安装650套（件）、2000余件健身器材设备；抓实了国家公共体育场馆开放使用综合试点建设，提升了公共体育服务质量和水平。

四、青少年体育事业在竞赛、训练方面得到显著重视

（一）竞赛方面

经过研究发现，通过竞赛对学生进行体育训练，可以提高学生参与体育活动的积极性。除此之外，竞赛的方式不仅可以培养和发现体育人才，还可以提高青少年学生体育竞技能力。

随着时代的进步与发展，国家举办学生运动活动越来越规范化，定期举办一些青少年的体育赛事，这些体育赛事对体育事业的发展具有十分重要的作用。这一作用主要体现在以下三个方面：

第一，专门设置的青少年的体育赛事可以提高青少年的主人翁意识，具体来说就是设置专门的青少年的体育赛事为学校之间相互交流与学习提供了平台，充分体现了“体教融合”，由此提高学校开展集体体育赛事活动的积极性，以及青少年参与和关心集体体育赛事活动的积极性。

第二，大型的体育赛事活动促进了体育场馆的建设与升级。具体来说，就是不管什么体育赛事，体育场馆都是赛事顺利进行的重要保障，所以进行大型体育赛事活动之前就会将场馆进行升级。举例来说，我国在成都举办第六届大学生运动会时，成都的13所高校新增了10座场馆；第七届大学生运动会的开展，地方政府为此专门调拨了7000万元的资金升级、改造与养护体育场馆，进而保障体育赛事的顺利进行。与此同时，由于场馆的开放政策，这些体育场馆的升级与改造还可以惠及附近的居民。

第三，竞赛促进了体育赛事的人才培养。具体来说，举办大型的体育赛事，就会邀请地区的领导来参加，领导的参与增加了对学校开展与提高体育事业督促与检查的频率，与此同时也更有利于解决体育训练过程中的实际问题。除此之外，有些地区还选择了一些学校作为体育后备人才基地，这些学校都拥有一些体育工作好与传统项目优异的特点。由此可以通过这些学校对体育赛事中不同的项目进行合理的布局与调整，而学校需要拥有主管领导，并在主管领导的组织与领导下，为体育活动的开展设立专门的机构，全面、合理地安排与保障青少年学生的体育发展，从而保障后备人才培养的连续性。

（二）训练方面

在训练方面，目前，我国正在积极推进体教结合的方式。具体来说，体教结合就是体育系统与教育系统进行结合，两者之间进行互补，从而全方面地培养出高水平的运动员与体育后备人才。体教结合充分地体现出在青少年体育训练中其是一个十分重要的发展平台。当然，高水平体育后备人才基地的建设和青少年体适能运动项目的开展，以及幼儿“基本动作技能”和“基本运动技能”的推进，一方面说明我国体育运动急需解决青少年体育运动不足的问题，另一方面也说明国家对年轻一代体育开展的重视。

第三节　体育运动（行为）在教育体系中对学生身心发展的全面影响

本书将体育行为范围界定为体育学习行为、体育锻炼行为和体育竞赛行为三个方面，从体育课到体育赛事活动开展，再从体育学习行为到体育锻炼行为，综合探讨影响初中学生体育行为的多个原因，注重问题的指向，从而为促进学生体育行为的发展提供策略与帮助。

一、体育学习行为的影响

（一）体育学习行为对学生内在控制的影响

1. 调控学生情绪

经过研究发现，学生的情绪受多个因素的影响。那么什么是情绪呢？具体来说，情绪就是主观需求对客观事实的反映。换句话说，人们对外界事物产生的不同的态度就是情绪。然而，我们发现学生进行体育学习行为也会影响学生的情绪，具体来说，在活动过程中，学生内心的活动状态都是通过行为与意志等外在的情绪体现出来的，所以，在进行体育活动时可以很容易地发现学生的心理状态，可以更好地观察到学生内心的心理状态以及更快地发现学生内心的心理障碍。

体育学习的过程本质上就是一个学习的过程，然而不管是何种学习行为，都包含学生对整个学习过程的体验与感受，包括紧张、喜悦等情绪。除此之外，有研究发现，体育锻炼可以适当地减轻心理上的压力，所以，青少年学生积极参与体育活动可以有效地缓解学生的紧张、焦虑等不良情绪，从而让学生的身心得到放松，也让学生的心情保持愉悦。

但是，我们需要注意的是，不同的体育活动都有不同的特点，由此，体育效果也因特点的不同而不同，不同的体育活动对学生的情绪与心理也会产生不一样的影响。举例来说，排球与篮球等团体项目就是培养学生的团体意识，团队内成员之间的合作可以帮助学生结交更多的朋友。学生在运动过程中与成员进行交流可以减轻甚至改变孤僻的性格。除此之外，在体育活动中，每个学生参与活动的机会都是均等的，所以，青年学生只要努力就可以在体育活动中感到人类生命的价值、感到生命的延续，进而在挫折中提高抗压能力。

体育运动对于中学生来说具有更多重要的作用，具体来说，就是因为中学生的学习压力较大，所以他们的精神常常处于紧绷的状态中，他们的心情有时是焦虑的。这样的情绪与心理状态是不利于他们成长的，会让青少年产生自卑与消极的心理状态。通过上述研究我们发现，对于中学生，教师要多为他们组织体育活动，让他们多参与体育锻炼，从而让中学生在体育锻炼中减轻学业上的压力，进而保持健康的情绪与心理状态。

总的来说，在进行体育教学时，教师应该做到积极引导，在语言上应该多给予青年学生鼓励，积极组织青年学生多参与体育活动，让青年学生在运动中改善心情、释放压力，青年学生可以在进行体育锻炼的过程中磨炼自己的意志，从而提高与增强抗压能力，在面对困难时能够积极地去应对。

2. 消除学生心理障碍

2021 年 11 月 15 日，教育部对《关于政协第十三届全国委员会第四次会议第 3839 号（教育类 344 号）提案答复的函》中明确将抑郁症筛查纳入学生健康体检内容。《关于进一步落实青少年抑郁症防治措施的提案》(下面简称《提案》) 提出推进青少年预防抑郁症教育工作；多渠道推进青少年抑郁症防治工作；各中学及高等院校均设置心理辅导（咨询）室和心理健康教育课程，配备心理健康教育教师。《提案》进一步说明心理问题在学生群体中是不可忽视的。

体育锻炼可以调控学生的情绪，此外，还可以帮助学生消除心理障碍。具体来说，学生在进行体育锻炼时，可以向教师表达一些情绪与情感。教师则可以通过调整学生的运动方式，让学生把消极情绪与负面的情感发泄出来，从而降低学生出现负面情绪的概率。

教师在对学生进行体育训练时，一定要善于观察学生的心理状态，善于发现学生潜在的不良情绪，及时根据学生的情绪和心理对学生的体育活动进行调整，及时对学生进行心理疏导，从而消除学生的不良情绪，有效地促进青年学生持续、健康地发展与进步。

通过研究发现，学生的心理适应能力主要表现在人际关系的适应能力上。体育活动可以说为青年学生进行社交提供了一个很好的平台，具体来说，在众人参与的体育活动中，青年学生要考虑“如何与他人进行沟通”“怎样在有限的时间内通过高效的途径对彼此之间进行了解”，而这个过程就可以提高青年学生的交际能力，从而扩大学生的交际圈，进而提高学生在社会生活中的适应能力。所以，我们通过学生的人际关系也可以来观察学生的心理健康状况。

当然，对处于青春期的青少年学生，与父母和教师进行沟通也是十分必要的。这可以让教师与家长准确地掌握学生的状态，从而为学生的发展与进步提供准确、有用的建议。

3. 提升学生适应社会的能力

如果可以把学校当作一个小型的社会，就可以把学校开展的不同的体育项目都看作社会上的一个小的团体。学生的适应能力主要体现在学生人际关系的适应能力上，因此，我们也可以由此判断学生的心理问题主要是因为学生不良、不舒服的人际关系造成的。然而，在学校开展的体育教学中，除了让学生在学校中的班级这种单一的组织外，还有其他体育活动组织，从而让学生的人际交往呈现出多样性。进行体育活动时，我们发现大多体育活动都是多人参与的，所以，让学生积极参与体育活动可以有效地提高学生的团结协作的能力，与此同时还可以让学生在各个项目的体育活动中提高环境的适应能力。

从社会文化的角度进行分析可以发现，体育竞技本质上就是对社会生产与生活的模拟，因此，体育精神可以反映出当代社会的精神。体育教学活动本质上也是社会生活的缩影，所以，在体育活动中学生也可以感受到一些社会生活中的体验。因此，教师可以为学生提供一些经验指导，从而让学生在体育活动中正确地认识体育、生活和社会，进而积极培养学生正确的价值观。

4. 有助于学生意志品质的培养

体育活动是十分锻炼与考验学生耐力与意志力的活动。在日常的教学活动中，教师可以根据学生的水平适当地增加锻炼的强度，从而提高与增强学生的意志力。比如，长跑运动可以锻炼学生的意志力，让学生挑战与突破自身从未达到的限度，让学生在遇到挫折时敢于面对与解决，让学生体会到生命延续的价值，从而培养学生坚强、勇敢与坚毅的品质，以及团队协作的能力、创新意识与进取精神，进而促进学生身心的健康发展。

除此之外，教师还应该多设置一些体育学习的项目，可以让学生根据自己的特点和喜好进行挑选，选出自己喜爱的体育项目，这样更有助于提升与促进学生个性化的全面发展。

但是，有部分学生在进行体育训练时，总是想要选择逃避，这些学生就是缺乏意志力与坚持拼搏的精神，而缺乏这些精神就会影响学生的学习，影响教师对学生的培养。

这种心态是不利于社会的进步与发展的，教师应该积极探索与了解学生内心真正的想法，从而有针对性地对学生进行体育锻炼活动，进而强大学生的内心，让学生形成一个顽强的意志力。例如，通过投准性练习培养学生的自制力、自律性，通过耐力跑培养学生的毅力，通过支撑跳跃培养学生顽强的意志力等。这些体育项目具有挑战性、时间长等特点，能让学生在长期坚持锻炼中，改进耐心不足、意志薄弱等缺点，并消除负面情绪，通过学习来强大内心，提高体育水平。

（二）体育学习行为对学生外在表现的影响

1. 培养学生长期的体育锻炼意识

中学生面临着升学的压力，把大部分时间都用在了学习上，无论是在学校还是在家里，这也就导致了学生的锻炼时间较少，甚至有的学生根本不去锻炼，没有形成体育锻炼意识。

学习知识可以帮助学生成才，但是拥有健康的身体是学习知识的前提条件。学习是终身的，不管任何时候都不能忘记学习；体育锻炼也是终身的，阶段性体育锻炼不能让学生即刻拥有健康的身体，但在体育课堂中渗透体育锻炼终身意识，能够让学生意识到身体健康对于学业的有效帮助。任何学习过程都伴随着学习压力，利用体育锻炼时间舒缓心情不仅不会影响学习进展，反而可以提升其他学科的学习效率，体育锻炼在短时间内并不会对身体健康产生明显的促进作用，这就要求体育教师利用体育课堂时间为学生渗透终身体育锻炼意识，利用高中校园体育教学过程，帮助学生学习基础体育技能，让学生认识到体育锻炼是自身行为，并以学生兴趣作为体育锻炼的出发点，帮助学生认识到体育锻炼是终身行为。

2. 强健学生的体魄，锤炼学生的意志

随着生活水平的提高、社会的发展与进步，人们的生活不再艰难。很多青少

年学生的意志力还不够坚定，当遇到困难时总是选择退缩，所以当代的青少年学生应该多接受体育教育，多参与体育活动与体育锻炼。每天都按照计划进行体育锻炼，使得他们的身体素质有一个大幅度的提升。

3. 帮助学生掌握更多体育知识

很多学生并不是不想运动，而是“不得其法”。例如，有的学生很向往打篮球，但却不懂篮球运动应当遵守的规则；又如，有的学生喜欢跑步、竞走，可是却不知道怎样科学、合理地开展这些运动，甚至导致身体受到损伤。通过体育学习，学生们能够全面且深入地掌握运动诀窍、习得运动规律、学会运动技能，更好地以理论知识指导自己的运动实践，既能增强自身运动兴趣，又能保障运动成效，更能促进自己的身体健康。

课程改革后，学生在体育课堂上不只是进行一些体育锻炼，而且还学习了一些体育理论知识。教师可以利用课堂时间为学生讲解一些专业的体育课堂理论知识。在体育课堂锻炼时，教师可以带学生到户外进行活动，进而培养学生的综合能力。

二、体育竞赛行为的影响

（一）体育竞赛行为对学生内在的影响

1. 体育竞赛行为对学生思想道德素质的影响

学生时代是人们人生观形成、确立与稳定的关键时期。经过观察发现，当今时代的人们成才对社会可以做出贡献的重要保证就是学生拥有的正确的人生观。积极参加体育比赛可以让学生从现实出发思考人生与社会。

举例来说，现实生活中有很多这样的榜样与模范，他们都是体育运动中十分典型的榜样，让学生去学习这些榜样对人生的实践与积极奋斗的精神，有利于学生树立正确的价值观与伟大的志向。

一般情况下，体育活动经常是集体性的活动。当比赛时，就算是一个人在进行比赛，其他不参加比赛的人也会为参加比赛的人加油助威。然而，正是这种集体性的体育活动，才可以增强与提高学生的集体荣誉感，有助于提升学生的责任感与不甘落后的精神，进而形成集体精神。

除此之外，学生在体育训练过程中一定会遇到一些困难与伤病，这些困难可以充分地磨炼青年学生的意志。当克服了这些伤病与困难时，青年学生就更加有能力与意志力去克服其他困难，让青年学生形成不达目的不罢休的毅力，形成以苦为乐、磨炼意志以及报效祖国的思想。同时，我们需要注意的是，比赛是一场有组织的活动，不同的体育活动具有不同的规则，所以在进行比赛时我们要接受裁判的监督与教练的安排。这些因素有利于培养青年学生的规则意识，青年学生会更加尊重裁判、尊重对手、尊重规则，从而形成良好的思想道德品质，进而在进入社会后可以更好地遵守社会道德，成为一个社会主义新青年，并为社会的进步与发展做出积极的贡献，同时促进社会精神文明的发展与进步。

体育竞技还有一个鲜明的特征就是竞技性，所有参加比赛的青年学生都是为了达到赢得比赛的目的，所以比赛各方最直接、最功利的目的就是获取胜利。而为了达到这一目的，参赛各方就要充分挖掘自身智力、体力，最大限度地动员个体或群体的体能、技能、心理能力、智能等各种竞技能力去战胜对方。要引导学生摆脱我国长期的封建社会伦理的束缚，树立现代竞争意识，培养他们积极向上、勇于进取、不满足现状、超越对手、超越自己、敢于冒险、勇于取胜的精神。我国已建立了社会主义市场经济，而市场经济的核心就是鼓励竞争，学校体育竞赛则恰好契合这一点。鼓励学生树立竞争意识，对于适应社会的转型与变化，适应现代社会的激烈竞争有积极的现实意义。

2. 体育竞赛行为对学生心理素质的影响

当代学生生活在复杂多变、竞争激烈的社会环境中，如何调整个人心态，有效地适应周围环境，身心俱健地生活和学习，关系到提高学生心理素质问题。

学生在参与体育比赛过程中可以认识自我、评价自我，摆正个人在社会中的位置，学会人际交往，在参与群体活动中还可锻炼其独立思考、独立生活的能力，以逐步提高学生的社会适应能力。

体育比赛竞争激烈、对抗性强，不仅需要运动员有良好的身体运动能力和技战术水平，还需要运动员有良好的心理素质。体育竞赛可培养学生坚韧不拔的毅力、勇敢顽强的精神、机智灵活的反应。在赛场瞬息万变的情况下，灵活机动、充分发挥主观能动性和创新能力，有助于培养学生独立分析、判断的能力。坚韧顽强的毅力是学生适应快节奏、高强度、激烈竞争的现代社会生活的心理基础。

体育竞赛可教育学生养成正确的胜负观，在胜利面前不骄傲，在失败面前不气馁。保持自信是生活学习的动力，挫折教育则是对大多数独生子女学生的磨炼，学生只有具备了对挫折、困难的耐受能力，将来才能以强者形象立足于激烈竞争的21世纪。

体育比赛是美与力的结合，给人以美的感受，激发人的美感，同时有助于陶冶情操，提高学生感受美、表现美的能力。体育比赛能够使人头脑清晰、思维敏捷、想象丰富、视野开阔，有助于学生学习知识和技能，也有助于培养学生的体育情感。

3. 体育竞赛行为对学生科学文化素质的影响

体育是千百年来人们传递下来的优秀文化，各种体育项目本身就是知识源泉。通过比赛可以使学生了解体育运动各种项目的来源、技术、战术、原理、锻炼方法、比赛规则等，使学生掌握体育知识，掌握提高技术、技能的方式方法，可以丰富学生的知识体系，开发学生的智力潜能，优化知识结构，对将来学生走上社会以后独立进行体育活动、组织各种体育比赛、融入现代社会有积极的现实意义。

学生参加体育比赛，可以常与社会进行体育交流，在比赛中与对方不断交流体育技术，切磋探讨体育技艺，以求得共同提高，还可以让学生充分展示自己的才华、了解社会，培养其积极参与能力、实践能力和竞争能力，在借鉴、学习别人技术的同时，潜心钻研，不断探索，努力创新。

通过参加校内的体育比赛，学生能够亲身体验赛场瞬息万变的事态，及时做出准确的判断，及时调整自己的战略战术，锻炼自己的判断力，培养自己深入细致的观察力，提高自己对问题的分析能力，根据场上的实际情况发挥自己的特长，发展运动员的创造性思维能力，同时也锻炼了自己的组织能力和协调能力，以及运动员灵活的思维能力，并可将此种创造精神迁移到学习和以后的工作中去。

4. 体育竞赛行为能够促进学生对自我的认知和订正

大部分的体育运动都是竞技性较强的运动，所以青年学生在进行体育锻炼时会经常与竞争对手进行接触。正是在对竞争对手的接触较量中，学生才能更好地认识自我，发现自己的优势与不足，从而更有针对性地提升自己。但是，需要注意的是，学生寻找的竞争对手应该是比较符合学生实际的，这样才能使学生更加科学地提升自己的能力，进而让自己成为符合社会大环境的新时代青年。

（二）体育竞赛行为对学生外在的影响

根据体育比赛的特点，我们可以发现，学生参加体育锻炼会让学生身体承担较大的压力与负荷，所以可以全方位地锻炼学生的能力，比如，可以提高学生的体魄，锻炼学生的思维，提高学生的新陈代谢能力与免疫力；还可以锻炼内脏的工作能力，增强身体对外界环境的适应能力，与此同时，体育比赛的时间会较长一些，其也会提高学生体育锻炼的耐力。由此可以发现，青年学生的体育锻炼可以为其今后的学习与工作奠定良好的身体基础与意志基础。

三、体育锻炼行为的影响

（一）体育锻炼行为对学生内在的影响

1. 对学生状态的影响

有研究发现，体育锻炼可以减轻学生的压力，具体来说，体育锻炼可以增强学生的体魄，可以培养学生团结协作的精神，也可以让学生进行丰富的人际交往，从而全面提高学生的综合素质，丰富学生的课余生活，营造出一个积极、健康的校园体育文化氛围。

（1）对学生乐观情绪的促进

体育锻炼活动可以帮助学生进行自我调节，可以让学生在体育锻炼的过程中适度地表达情绪和控制情绪，有助于学生保持健康的情绪，有助于学生长期保持良好的情绪与心境，从而让学生对学习充满希望。学生在体育锻炼的过程中经常会遇到各种各样的问题，面对与解决这些问题能够锻炼学生面对困难坚持不懈的能力。除此之外，体育训练还可以有效解决学生肥胖等问题。经过体育锻炼学生拥有良好的体型，拥有健康的身体就更加有利于学生增强信心。

总之，对学生进行体育训练最主要的就是为了磨炼学生的意志力与培养学生的自信心，同时还可以提高学生的运动技能与运动水平。体育技能的不断增加有利于学生增强自信心，开展自我激励。

（2）对学生焦虑情绪的影响

加入学校体育运动中可以帮助学生在持续的压力下将身体和大脑放松下来。

在学生的身体得到锻炼和放松后，压力荷尔蒙、肾上腺素和皮质醇的水平会产生下降的效果。学生在有氧运动结束后，压力和焦虑的情绪也能得到改善，所以我们说体育锻炼可以有效帮助学生减压和放松。在校园里参加体育活动可以成为一种非常有效的情绪调控工具，使学生们感到快乐和放松。美国哈弗大学医学院副教授约翰·瑞迪（John Ratey）和埃里克·哈格曼（Eric Hagerman）在《运动改造大脑》一书中阐述，大脑中有1000亿个神经元，连接这些神经元的有5万个连接点，1000亿个神经元乘以5万个连接点就是5000万亿。而运动能够使这些神经元不断的兴奋，而没有经过运动神经元的补刀兴奋性就会消亡，因此，运动可以使大脑的神经元保持兴奋状态，头脑就会变得聪慧。此外，还有研究表明，运动可以产生大量的多巴胺和内啡肽，这两种物质是运动后产生的对人的身心产生愉悦的物质，可能显著地降低抑郁和焦虑情绪。

科学研究表明，大脑皮层在受到外界客观刺激后，可能会产生焦虑的情绪。在焦虑的情绪发生过程中，机体的外部表现和内部变化与神经系统功能的各种水平相关，也是大脑皮层和皮层下中枢协同作用产生的结果。经常性地参加学校体育活动可以提升人体内部血液循环和消化代谢的速度，大脑也能够获得充足的养分，可以平息激动和焦虑的情绪，从而可以有效防止情绪上的焦虑。学生参加的校园活动应每周进行3～5 d，每次至少30 min。

校园体育锻炼的活动不仅对学生的生理状况产生一定的影响，也能够对学生的个性和性格产生一定的影响，特别是能够在稳定焦虑情绪方面起到作用。校园内的体育锻炼可以提高学生锻炼的精神集中程度，精神集中之后就可以对精神压力和焦虑产生有效的抑制。校园的锻炼活动可以帮助学生减少压力和焦虑的情绪，这对减少或缓解负面情绪和确保学生的心理健康非常有益。

（3）对学生情绪抑郁的改善

学生抑郁的情绪往往需要环境提供一个出口，而校园的锻炼活动就可以提供这个宣泄的出口，当在校园里适当锻炼时，学生会在情绪和情感上获得一种幸福感。这种身体上的幸福感对学生的情绪和情感会产生很大的影响。校园的锻炼活动可以与学生的负面情绪进行对抗。在校园里锻炼身体很重要，不仅能给学生带来能量，还能缓解抑郁症的不适。校园锻炼不仅是一种单纯的娱乐或运动形式，还具有心理上的医疗价值。可以将校园锻炼看作一种清洁的方式，参与锻炼的学生可以通过学校认可的渠道，将自己身体中的抑郁和能量进行释放和升华，并帮助心灵上的创伤得到愈合。

通过参加学校的体育锻炼活动，学生可以发展自我的控制力和自制力，并可以在学校体育活动中体验到更大的成就感和竞争感，以及感受到抑郁情绪释放的过程，从而从学校体育活动中获得正面的情绪。这一过程会吸引更多的人参与学校组织的锻炼活动，心理效益也会在这个积极的过程中产生。在进行学校锻炼运动的过程中，大脑中的化学物质得到清理和释放，如多巴胺和肾上腺素。释放完这些化学物质后，学生会有一种更快乐、更新鲜和更兴奋的情绪，还会产生防止压力和学习疲劳的作用。总而言之，学生的心理健康调节可以借助于校园的体育锻炼活动。因此，教师要学会积极地运用各种校园锻炼方式，帮助学生提升心理健康的水平。

2. 对学生人际交往关系的连接

学生与学生、学生与教师之间的交流在体育锻炼的过程中，主要使用各种肢体语言的形式，淡化了语言交流的作用。

游戏化教学可以使体能训练的过程更加直接有效，学生在人与人交往的过程中容易产生归属感和亲和感，有效摆脱了人际交往过程中的功利性。过去，体育锻炼思想更多的是强调体育锻炼会对学生身体健康的发展产生正面的作用，往往没有注意到体育锻炼也能对学生的心理健康方面产生积极的作用。事实上，体育锻炼不仅可以使学生对自己的身体和心理产生客观的认识，对自己进行积极和正面的评价，而且还营造了人与人交往的沟通氛围，以及如何创造一个良好的交往环境。在计划具体的体育锻炼活动中，在课堂上营造良好的社会互动氛围尤为重要，在注重实现培养学生社会适应能力的基础上，教师还要对学生学习体育技能的良好习惯进行训练，通过体育锻炼活动让学生有更多的机会相互交流和沟通，促进学生之间的互动。与其他学科相比，体育锻炼活动过程有利于教师组织适当的户外体育活动，而课堂体育活动可以使用班级、小组、小队等主体形式进行发展，使体育锻炼活动过程始终以群体的规模进行组织，加强人际交往的能力，加强社会关系的培养，这些也是学生适应社会发展的重要基础能力。

3. 对学生习惯培养的影响

（1）体育锻炼对学生自主学习习惯的培养

体育教学与传统学科教学的不同之处在于它非常灵活。体育课的组织方式也是多种多样的，可以进行方式上的创新。教师可以通过不同的体育锻炼方式让学生感到锻炼活动总是充满新鲜感，从而提高学习的兴趣。

体育锻炼可以满足学生对未知事物的学习欲望，帮助他们更好地参与到课堂活动中来。体育锻炼也可以使学生心理上的需求有所满足，并激励他们积极参与到学科学习中。由于学生存在个体上的差异性，成长的背景和个人的特点都存在不同，所以他们对教学方面的喜好也有较大的差异。通过体育锻炼，教师可以帮助学生更加全面地认识并分析自我，更加了解自己的优点和不足。在学习过程中，教师可以通过教学上的鼓励和各种教学活动，对学生的自信心进行培养和发展，使每个学生都能在课堂上表现出最好的自己。同时，教师可以根据学生个人的特点，帮助他们分析出自己在学习过程中应该采取怎样的学习方法，让他们在自己学习优势的基础上培养学习的信心。

（2）体育锻炼对学生倾听、思考习惯的培养

倾听是一个理解他人的想法并进行自我反思的过程。学生只有学会倾听，学生之间的交流才能更加密切，才能发展更好的人际关系。在体育锻炼的过程中，教师要培养学生听取课堂要求的习惯，更好地集中上课时的注意力。

在解释一些体育项目的规则时，学生对规则的理解离不开教师的正确引导，教师要让学生养成善于倾听的人际交往习惯。只有当学生养成这样的倾听习惯，他们才能在体育课上更好地开展锻炼的活动。在学习过程中，教师经常要求学生将注意力放在教师讲解的内容上，这样的方式可以更好地培养学生的注意力。同时，学生们在专心听讲时也会沉浸在学习的快乐中。此外，倾听也能够更好地发展学生的思考和辩证分析能力。通过体育锻炼的活动，教师可以培养学生的推理能力和逻辑分析能力，培养学生良好的倾听和思考习惯，以便学生在未来的学习中运用。

（3）体育锻炼对学生不畏困难品质的培养

体育锻炼可以提高学生的意志力水平，使学生能够更好地面对学习和生活中的各种困难和挫折，勇敢面对并成功克服困难。例如，在体育锻炼的过程中，学

生要面对雷雨天气、场地条件、器材设施的适用性等外部环境，以及肌肉酸痛、缺氧等身体条件上的限制和困难，这些都是学生在体育锻炼中需要不断培养、克服和战胜的关键挑战。

在体育课上，学生可能会面临不同类型的困难。例如，有些学生尽管缺乏体力，但仍努力提高自己的考试成绩。这样的调节过程也能够提高学生的应对能力，帮助他们及时调整心态，以应对正常生活中的各种困难。这就是为什么体育活动对学生的心理发展如此重要。它可以挖掘学生的个人能力，帮助他们形成不怕困难的良好心理素质。

（二）体育锻炼行为对学生外在的影响

学校的体育锻炼活动可以提高学生的身体素质，增强他们的免疫力，从而帮助他们抵抗和预防各种疾病的产生，这一点已经被众多的科学研究所证明。

实现高效学习的先决条件就是身体的健康，研究表明，在学校经常进行体育锻炼的学生，他们在学习的过程中有比他人更高的效率。而在生病时，学生很难开展正常的学习工作，所以健康的身体能确保学生在学习时更有效率，心态也更加地积极。

1. 对学生身体素质的影响

因此，校园体育锻炼活动与学生的身体健康之间存在着显著的相关性，这是因为经常参加校园体育活动的学生比不参加的学生身体素质更好。学校要营造出体育锻炼的氛围和环境，培养学生的锻炼习惯。人们应该重视校园体育锻炼在学生身体素质培养上发挥的作用，并提高校园体育锻炼的水平。

2. 对学生身体机能的影响

校园内的体育锻炼活动对学生的身体健康和身体素质的保持至关重要。然而，由于各种实际的因素，当代学生缺乏经常进行体育锻炼的习惯。学生的身体机能指的是学生的不同器官的运动能力，例如，细胞、血液、新陈代谢、循环、呼吸、消化、吸收、能量交换、体温、肾脏和感觉器官等功能都是身体机能包含的部分。校园里的体育锻炼活动可以帮助这些身体器官正常地运转。学生们的身体正处于快速发展的阶段，身体运动系统所做的工作加速了血液循环和其他系统的运转，从而刺激了身体的快速成长。科学合理和适当的校园体育锻炼活动可以对学生的智力、身体和生理发展产生积极影响。

第三章　国内外体育课及体育竞赛研究综述

本章为国内外体育课及体育竞赛研究综述，分别阐述了三个部分的内容，包括国外中学生体育与竞赛行为相关研究述评、国内中学生体育与行为相关研究述评以及我国中学学校体育的现状。

第一节　国外中学生体育与竞赛行为相关研究述评

一、国外体育课程发展相关研究

就美国而言，有 78.3% 的学校要求必须开设体育课，将体育课作为必修课的小学占比 69.3%、中学占比 83.9%、高中占比 95.2%。美国相关部门统计后发现：要求开设体育课的学校幼儿园占比 50%，小学（1—6 年级）的各年级也基本保持在 58% 左右，而中学阶段开设的体育课占比 60% 多，是最高的[①]。

在教学内容上，美国体育和体育运动协会很早就正式颁布了国家体育标准，并为 6 个学习领域制定了教学目标。学校根据体育锻炼标准 6 个学习领域的教学目标要求，开设了具有学校特色的相关体育活动，其中有 98.5% 的学校开设团体活动，63.2% 的学校开设舞蹈课，95.1% 的学校开设个体活动，8.5% 的学校还开设了水上项目。[②]

日本于 2008 年发布了新的《学习指导要领》，并于 2011 年开始按照《学习指导要领》实施体育课，以培养学生终身体育的能力、保持和改善健康以及提高体力为此次修订的主要内容。在低、中、高三个学段分别实施不同的教育内容，低年级以体育游戏为主，中年级以各种体育活动为主，高年级以各种体育活动和体育项目为主。并且，体育教育过程以增加体育课的课时、调整体育教学内容、教学方法更加明确和系统的三项措施为主。《学习指导要领》还规定中年级 8 个学时，高年级 16 学时来学习卫生保健领域的相关知识。[③] 与 1998 年相比，日本的小学体育课时总计增加了 57 学时。在总体的教学内容上，从初中到高中，在不同运动项目的课时安排上都是相对稳定的。

---

① Sarah M. Lee et al. Physical Education and Physical Activity: Results From the School Health Policies and Programs Study 2006［J］. Journal of School Health, 2007, 77（8）: 435-463.

② 吕红芳. 美国中小学体育课开展现状［J］. 当代体育科技，2013，3（20）：86-87.

③ 文部科学省. 新学习指导要领：第 2 章各教科第 7 节保健体育［EB/OL］. http://www.mext.go.jp/a_menu/shotou/new-cs/youryou/chu/hotai.htm.

综上所述，发达国家在体育课程的发展上不断取得进步并遵循了人性化，在改革中实行了所有相关学科参与体育课程实施的管理模式，并且在各项实践活动中充分体现了以学生为主体的指导思想。

二、国外体育竞赛发展相关研究

高校体育活动的开展在美国一直受到人们的关注和重视，校园建设文化的重要组成部分就是各类体育的竞赛，学生的体育权益也能得到很好的保障。

1852 年 8 月 3 日，耶鲁大学和哈佛大学组织了一次团体赛艇比赛，这次比赛属于学校之间的体育交流活动。随后，棒球、橄榄球、篮球和足球等多种项目开始进入各个高校，不同的体育比赛数量呈上升的趋势。

1905 年，全美高校竞技体育联合会（NCAA）成立，这一机构的成立体现了美国体育赛事进入了制度化发展的时期，并一直以业余主义为发展的原则，成立的目的是促进学生的全面发展。在进一步推广比赛的过程中，将发展的重点放在了学生身体和心理的和谐发展上，以及开始注重培养学生的体育成就感。全美高校竞技体育联合会（NCAA）是美国大学体育赛事的最高领导组织，其举办的目的是促进学生的体育能力的发展，鼓励各学院和大学关注学生体育素质的发展和促进学生对高质量体育活动的参与。从整体上发展运动能力，可以提高学生的整体素质，从而使运动员在毕业后能够从事不同领域的工作，为学生的整体发展做出贡献。[①]

在美国，政府不会投资任何体育事业的发展。所以，在没有政府的资助的背景下，美国的运动队突破了业余体育的管理模式，建立了体育市场运行机制。并且，高校体育的市场化为高校体育提供了稳定的发展资金，使其得到了良好的发展，也促进高校体育福利的发展。在众多的世界级联赛中，也得到了许多赞助商的资金支持。[②]

① Rubin L M, Moses R A. Athletic Subculture within Student-Athlete Academic Centers [J]. Sociology of Sport Journal, 2017: 1-36.

② Trexler E T, Smith-Ryan A E, Blue M, et al. Fat-Free Mass Index in NCAA Division I and II Collegiate American Football Players [J]. Journal of strength and conditioning research, 2017: 2719.

日本的体育管理体系以政府为主体，但在西方的影响下，各种社会性质的组织也开始发展起来。为了更好地负责社会体育的各种组织事务，日本专门成立了体育联盟来进行各种活动的管理。例如，在日本的青少年体育赛事领域中，高中体育联盟就具有非常大的社会影响力。在国家和专业体育联盟的支持下，日本的学校也开始组织各种体育竞赛活动[①]，这些竞赛活动以培养学生的兴趣和爱好为主。1990年，日本教育部颁布的《体育运动振兴法》中的第四条款中明确规定了体育运动振兴的计划，主要目的是系统、科学地规划日本体育事业的进一步发展。其中，最终极的目标是要培养学生的终身体育观念，发展青少年的体育是为了实现体育娱乐和教育的目的，并为竞技体育的发展提供支撑。

我们可以看出，青少年体育赛事的发展受到许多因素的影响，例如，国家社会发展背景、体育制度、国民的生活条件等。在经济发达国家，体育教育一直以来是青少年普遍享有的一项公民权利，特别是成熟的青少年体育组织为体育赛事的发展提供了重要保障。随着体育全球化的迅速发展，中国的青少年体育赛事理应逐渐符合国际标准，以满足国内青少年的需求。

① 梁月红，崔颖波. 日本小学体育课教学内容对我国的启示［J］. 体育学刊，2014，21（2）：75-80.

第二节　国内中学生体育与行为相关研究述评

2020 年 4 月 27 日，中央全面深化改革委员会第十三次会议提出：要培养学生“健康第一”的教育观念，加强青少年体育运动与学习知识的协调发展。与此同时，还要建立多元的考核体系，全面提高体育教育的权重，探索实施体育教育考试的过程性评价。中高考科目范围应该扩大化，把体育科目也包含进来，并且提高体育科目的分数比重，最终实现提高学生学习兴趣的目的，也能够促进家长和学校的进一步联合。这些决策为学校体育的可持续发展提供了保障，也为学生更好地参与体育运动提供了坚实的保障。

青少年作为建设体育强国的重要基础力量，关系到我国综合竞争力的发展[①]。2019 年教育部体育卫生与艺术教育司工作要点公布，要继续贯彻落实《国务院办公厅关于学校体育促进学生身心健康全面发展的意见》[②]，以“教会”“勤练”“常赛”为重点，抓好竞赛制度建设；深化“校内竞赛—校际联赛—选拔赛—海外交流赛”相结合的竞赛体系建设，以竞赛促培养、促素质。完善小学、初中、高中、大学联赛。《体育强国建设纲要》[③] 也强调要不断丰富我国青少年的体育赛事活动，逐渐形成一批具有较大影响的社会精品赛事活动。

2020 年 9 月，国家体育总局和教育部联合发布的《关于深化体教融合促进青少年健康发展意见》[④] 中，第一条写道：我们要帮助学生树立“健康第一”的教育理念，让所有的学生都真正地加入体育课程中来，在体育课中享受体育带来的乐趣，进而增强学生的体质健康和健康人格。同时，还鼓励学校参加“围墙”之外的社会体育俱乐部的竞赛和培训。

---

① 平杰. 体育强国视域下我国青少年体育的发展［J］. 上海体育学院学报，2011，35（1）：47-50，66.

② 国务院办公厅提出关于强化学校体育促进学生身心健康全面发展的意见［J］. 基础教育参考，2016（11）：79.

③ 国务院办公厅关于印发体育强国建设纲要的通知［J］. 中华人民共和国国务院公报，2019（26）：6-13.

④ 张磊，谢军. 2022 北京冬奥会背景下冰雪文化传播策略研究［J］. 西安体育学院学报，2021，38（1）：55-62.

学校体育赛事是学校体育教育过程中不可代替的关键环节。体育赛事的开展不仅发挥学校体育活动的重要指导作用，而且还可以使得体育课堂教学和课外体育训练创造出独特有效的校园体育环境氛围。体育赛事的开展可以直接地激发学生的运动兴趣，从而间接地增强学生的身体素质，不断培养学生终身体育的良好习惯。[①] 因此，学校体育赛事的持续开展，将会是学生健康成长和学校体育教学的重要工作。

近年来，许多国内的体育学者开始研究青少年体育比赛。蔡翔飞等指出：目前我国对"体育课的研究相对较多，且细致。而课外锻炼研究相对较少且粗略"[②]的研究现状表明，学校体育的重点主要在体育课和课外锻炼上，而对学校体育赛事研究却相对较为薄弱[③]。李映红认为，在中小学校体育工作中，校园运动会是其关键的内容之一，是在学校范围内相对比较大的活动之一，同时又是很好展示一个学校的平台。其目的是让学生更好地了解体育的本质是什么，如何培养学生的体育精神，怎样让学生体验体育带来的乐趣，从而形成参与体育运动的良好习惯。[④]

章建成和张绍礼指出：体育赛事能够很好地检验出学生在课堂学习的过程的效率是否高效，帮助学生更好地掌握体育运动的技能，还有增进学生身心健康的作用。调研显示，赛事的内容和时间，产生的效果受到学校环境、经费、年级等方面的影响，并且存在明显性的差异。学校里的体育比赛对学生课外体育锻炼起着重要的支撑作用。[⑤]

平杰指出：学校体育是以青少年为主的学生作为重点培养对象。学校体育教育的目的是树立青少年学生学习终身体育的思想和习惯，使他们在进入社会后，依旧可以积极、主动地坚持正确、科学的体育锻炼，体育赛事是实现学校体育教育与社会自然衔接的重要途径之一。[⑥]

---

① 王静芳. 阳光体育下我院体育赛事开展情况分析［J］. 科技资讯，2013（32）：233.

② 蔡翔飞，王谦，彭华，等. 学校大众体育赛事研究［C］//. 2015 第十届全国体育科学大会论文摘要汇编（三）.［出版者不详］，2015：1185-1186.

③ 同②

④ 李映红. 对中小学开展全员运动会模式的探讨［J］. 体育教学，2014，34（9）：34-36.

⑤ 章建成，张绍礼，罗炯，等. 中国青少年课外体育锻炼现状及影响因素研究报告［J］. 体育科学，2012，32（11）：3-18.

⑥ 平杰. 体育强国视域下我国青少年体育的发展［J］. 上海体育学院学报，2011，35（1）：47-50，66.

综上所述，学校体育比赛的开展不仅能直接显示出学生参与体育锻炼的情况，而且也能反映出中小学校体育文化的建设情况，以及中小学校体育赛事的组织和开展方式。

第四章　中学生体育行为促进模式的构建

本章为中学生体育行为促进模式的构建，分别阐述了社会生态学理论在促进学生体育行为中的应用、初中生体育行为促进模式要素及假设、初中生体育行为促进指标选取的原则、初中生体育行为促进指标体系构建、初中生“体育行为促进”模式模型的整体结构特点、初中生“体育行为促进”模式模型及相关因素的影响分析。

第一节　社会生态学理论在促进学生体育行为中的应用

社会生态学开始源于心理学领域，主要用来解释身体活动的影响因素，是研究人类社会组织及其社会行为与生态环境之间的一门学科。

1997 年，布朗芬布伦纳（Brofenbrenner）结合生态学、心理学思想，首次提出生态化系统理论[①]，将个体外在的因素根据距个体远近划分为两个水平系统：微观系统和宏观系统，将生态学的模型影响和干预划分为个体本身和外部环境两个水平[②]。

1997 年，布朗芬布伦纳提出微系统、内部系统、外部系统、宏观系统四个部分组成了生态环境，个体发展的生态学模型中强调了环境与人的同等地位和作用。

2004 年，有学者提出，微观、中观、宏观的三个系统不仅是一个动态的过程，三者可以相互联系，而且，微观系统中的各系统之间也是彼此相互影响的[③]，是多层次的个人和环境因素的交互作用，决定个体的行为结果。综上所述，社会生态学理论的核心观念是多层次对个人的影响，如图 4–1–1 所示。

随着相关研究的继续深入，健康学科的研究也逐渐受到了社会生态学理论的影响。1988 年，麦克罗伊（Mcleroy）等指出生态学模型分别从个体因素、人际因素、机构因素、社区因素、政策因素五个层面影响人们的健康行为。[④]

---

① 丁芳. 一种正在演进着的人类发展观——人的发展的生物生态学模型述评［J］. 华东师范大学学报（教育科学版），2009，27（2）：58–63.

② 苏传令. 社会生态学模型与青少年体力活动关系的研究综述［J］. 浙江体育科学，2012，34（02）：94–98，124.

③ 师海玲，范燕宁. 社会生态系统理论阐释下的人类行为与社会环境——2004 年查尔斯・扎斯特罗关于人类行为与社会环境的新探讨［J］. 首都师范大学学报（社会科学版），2005（4）：94–97.

④ Mcleroy K R, D Bibeau, Steckler A, et al. An Ecological Perspective on Health Promotion Programs［J］. HealthEduc Q, 1988, 15（4）：351–377.

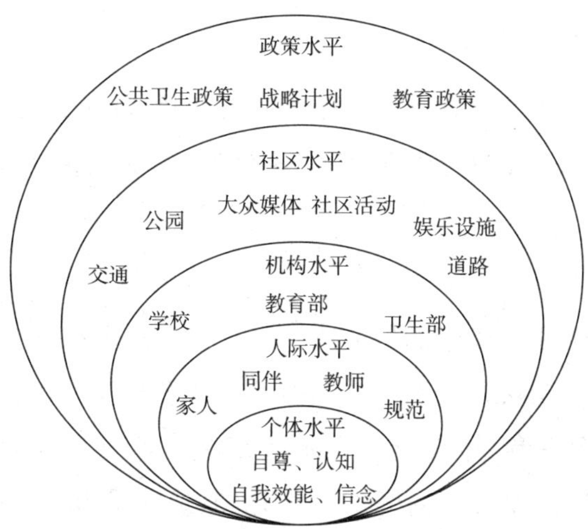

图 4-1-1　社会生态学与青少年体力活动研究模型图[①]

体育锻炼是促进健康的有效手段之一，国内外学者进一步地细化研究，提出了用于身体活动研究的社会生态学模型，美国、加拿大健康教育部门在日常研究中经常使用这一模型。我国学者代俊等在总结国家儿童青少年体力活动相关信息时，同样指出青少年身体活动的社会生态学模型是从个体层面、人际层面、机构层面、社区层面以及政策层面进行分析。[②]

体育行为促进研究的理论基础逐渐放大到了综合的社会环境下去思考问题，体现出了这个领域对体育锻炼的重视程度，进而从理论研究的深入研究方面研究体育锻炼存在的缺点。学界的众多学者在研究影响青少年体育锻炼行为的各种因素时，也开始从社会生态学理论的视角进行分析。本书研究就是基于该理论下的五个层面进行指标的选择，综合探究各个层面对初中生体育行为的影响。[③]

根据社会生态学理论，个体的行为变化主要是受以下五个层次的因素制约：

① 韩慧，郑家鲲．西方国家青少年体力活动相关研究述评——基于社会生态学视角的分析［J］．体育科学，2016，36（5）：62-70，77.

② 代俊，陈瀚，李菁，等．社会生态学理论视域下影响青少年运动健康行为的因素［J］．上海体育学院学报，2017，41（3）：35-41.

③ 肖聪．社会生态学理论指导下综合干预影响中小学生体育锻炼行为的实验研究［D］．上海：华东师范大学，2018.

一、个体水平

以社会生态学理论为基础研究时发现[①]，在个体层面，以对心理的影响因素作为切入点进行分析，包括参与体育活动的动机和对于体育的认知能力两个方面。

二、人际水平

人际层面位于社会生态学的最里端，主要表现在同伴、教师、家庭及其对运动的支持度。布思（Booth）在文章中[②]指出：对孩子体育运动参与影响起最大作用的是，父母是否经常参与体育运动和体育意识。邓肯（Duncan）等研究[③]指出：在平常的体育与健康课程中，对学生运动积极性影响最为明显的是学生之间的相互鼓励和支持。

三、机构水平

在体育强国的背景下，学校是学生进行体育锻炼促进健康发展最有效和安全的场所[④]。在学校中，学校教师的教学技术水平、学校的运动场所及设施、学校领导班子的重视程度以及课内外的体育活动都直接影响学生对于体育运动的参与。

四、社区水平

社区环境主要包括社区服务和社区环境[⑤]，其是个体运动参与的推动者又是阻碍者。社区中个体的体育活动、附近的体育设施场馆、体育社团活动的开展、各

① 李小英，燕子. 生态学模型在锻炼心理学中的应用［J］. 西安体育学院学报，2010，27（6）：765-768.

② Michael L. Booth M.P.H., Ph.D.a, BNO, CABMPH, et al. Social - Cognitive and Perceived Environment Influences Associated with Physical Activity in Older Australians［J］. Preventive Medicine, 2000, 31（1）：15-22.

③ Duncan, Susan, C, et al. Sources and Types of Social Support in Youth Physical Activity.［J］. Health Psychology, 2005, 24（1）：3-10.

④ 王海霞，郭洪亮，冯硕，等. 社会生态学视域下促进体育锻炼的路径研究［J］. 河北农业大学学报（社会科学版），2019，21（2）：116-121.

⑤ Humpel N, Owen N, Leslie E. Environmental factors associated with adults' participation in physical activit［J］. American Journal of Preventive Medicine, 2002, 3（22）：188-199.

种媒体对体育健康知识的宣传等都间接或直接地影响学生对于参与体育运动的频率[①]。

五、政策水平

社会生态学模型理论的最外层是政策，虽然处于最外端，但是政策有时候对学生以及学校的体育活动的影响要比最里端的因素影响还要明显[②]。国家及学校的某些体育教学政策对青少年的体育活动具有一定的强制性。

通过对体育课和比赛以及社会生态学模型的分析，可以发现：首先，国家对于体育课给予了特别大的重视，除了对运动技能掌握的明确规定以外，在 2020 年 4 月，中央全面深化改革委员会第十三次会议中指出：要促进学生的体育运动锻炼和课程文化学习的和谐发展，树立“健康第一”的教育理念，加强德智体美劳的全面发展。并且，在 2020 年 5 月的全国两会上，百余名成员共同提出：要“将体育教育列入中高考必修项目”。体育真正成为一门主课将会是一个全新的开始。其次，社会生态学理论模型作为一种强调多层面干预的模型理论。从个体、人际、组织、社区、政策五个层面，可以更好地探究“体育行为促进”的影响因素，以此来使整个模型更好地具有逻辑性。最后，在构建初中生“体育行为促进”模式模型时，要以社会生态学理论个体和环境因素的交互作用、我国基本国情以及相关政策的实际情况进行构建。

---

① Trost S G, Owen N, BaumanA E, et al. Correlates of adults' participation in physical activity review and update [J]. Medicine Science and Sports Exercise, 2002, 11 (34): 1996–2001.

② 马骉，张帆，司琦．影响青少年参与身体活动的个体因素综述——基于社会生态模型的个体生态子系统［J］．浙江体育科学，2016，38（3）：101–105.

第二节　初中生体育行为促进模式要素及假设

把握和分析初中阶段学生对于体育学习、锻炼、竞赛的需求及影响因素，是变量选取的基础。对于结构变量的选取，本书将借鉴社会生态学理论以及国家相关政策的研究，并联系初中体育课的实际情况把握结构变量的选取。

一、构成要素

（一）前因变量

1. 个体层面（因素）

个体层面的各种要素主要包括人口统计学因素、生理因素和心理因素等，这些要素也属于社会生态学模型中最近端的因素。众多理论认为，影响身体活动参与的关键所在是个体的内在因素。根据社会生态学模型中各变量的关系在此认为，个体层面是影响体育行为活动最直接的因素。个体层面在“体育行为”模式模型中是最为重要的中间变量，与家庭层面、社区层面、政策层面、学校层面都有最直接的关系。

2. 家庭层面（因素）

家庭教育具有独特的基础性与长期性，是青少年儿童成长的重要场所，也是学校与社会教育都不能够取代的教育方式。我国的家庭规模处于微型化时期[①]，父母对孩子最能够产生行为上的实际影响。相关的研究表明，在家庭层面，父母的支持、父母的运动习惯、体育观念、家庭环境、教育水平和经济水平等各方面，都在一定程度上影响个体的体育参与活动。家庭层面在整个模型中主要是对学生个体最为主要的影响因素，并在一定程度上与社区层面有所关联。

3. 学校层面（因素）

学生进行交往的社会化场所主要以学校为主，学校的体育教育也是促进青少

① 阳家鹏，向春玉，徐佶. 家庭体育环境影响青少年锻炼行为的模型及执行路径：整合理论视角［J］. 南京体育学院学报（社会科学版），2017，31（3）：118-123.

年体育行为习惯养成和发展的重要方式。易军等[①]提出：对学生参与体育运动活动最具影响的是学校体育教师的技术水平和体育教师的教学实践指导水平；与此同时，学校的运动场地、器材设施和学校各教师领导的重视情况也具有同等重要的影响作用[②]。学校的绿化布置、规章制度等隐形课程也都有直接或间接的作用[③]。学校层面在整个模型中的作用至为关键，能够对学生产生最为直接且关键的影响，是最不可忽视的层面。

4. 社区层面（因素）

社区作为学生校外和家长体育活动的主要场所，在某种程度上影响着学生的锻炼水平，主要体现在社区体育环境和服务两大方面。社区附近的场馆设施、社区内居民体育活动的开展情况以及社区宣传栏等宣传媒体等因素也都在一定程度上间接或直接地影响学生在社区参与体育活动的次数和效果[④⑤]。韩会君等[⑥]研究发现，以社区为单位的家庭体育比赛等活动，会对学生参与体育活动起到直接的积极影响。社区层面在整个模型中，主要是对学生产生校外的体育影响，在模型中的作用可能相对不是很大，但是也在一定程度上影响着学生和家庭两个层面。

5. 政策层面（因素）

对人们参与体育活动产生影响的因素中，位于社会生态学模型最外端的政策在体育活动参与过程中发挥的作用有时要大于模型内端的因素。在政策层面，政

---

① 易军，冉清泉，付道领. 青少年体育锻炼行为及影响因素的实证分析［J］. 西南师范大学学报（自然科学版），2014，39（9）：189-194.

② Xu F, Chepyator-Thomson J, Liu W, et al. Association between social and environmental factors and physical activity opportunities in middle schools［J］. European Physical Education Review, 2010, 16（2）：183-194.

③ C R, Burgeson, H, Wechsler, N D, Brener, J C, Young, C G, Spain. Physical education and activity: results from the School Health Policies and Programs Study 2000.［J］. The Journal of school health, 2001, 71（7）：279-93.

④ Humpel N, Owen N, Leslie. Environmental factors associated with adults'participation in physical activity: A review［J］. American Journal of Preventive Medicine, 2002, 3（22）：188 — 199.

⑤ Trost, S.G., Owen, N. , Bauman, A.E., Sallis, J.F., &Brown, W.（2002）Correlates of adults'participation in physical activity: review and update. Medicine and Science in Sports and Exercise, 34（12），pp. 1996-2001.

⑥ 韩会君，陈建华. 生态系统理论视域下青少年体育参与的影响因素分析［J］. 广州体育学院学报，2010，30（6）：16-20.

府相关政策的颁布，在一定程度上影响学校和社区相关体育活动的开展，对个体的体育参与更是有最为直接的关系。政策层面是最为直接的层面，对其余各层面在一定的政策导向下都可以产生直接的影响，当然这种直接的影响还要看各个层面的实行程度和效果。

（二）结果变量

体育行为促进是该模型的核心变量，主要是指在保证体育课开齐开足的基础上，通过课内和校内甚至拓展到校外的各种类型的比赛刺激学生参与运动，通过这种方式来促进学生的体育锻炼行为以及运动技能的学习和掌握。

二、要素之间的假设

根据以上关于各变量之间的关系假设，建立了初中“体育行为促进”模式的概念模型，如图 4–2–1 所示。

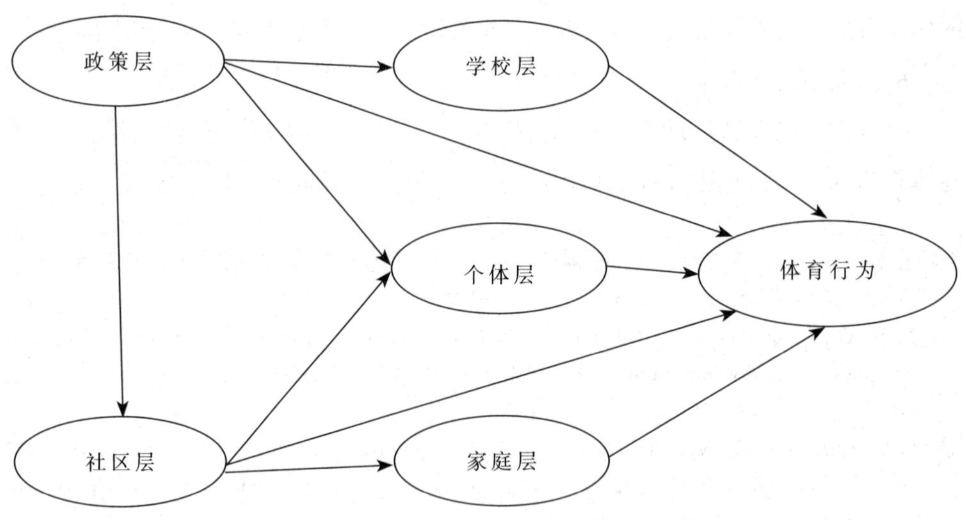

图 4–2–1　初中“体育行为促进”模式概念模型

在图 4–2–1 中，箭头末端的变量为自变量，箭头指向的变量为因变量，体育行为促进为核心变量。该模型共有 6 个变量，其中 5 个前因变量、1 个结果变量。假设前 5 个变量都对“体育行为促进”存在正相关的显著关系，并且政策、学校、社区和家庭层面都可以通过个体层面作用于“体育行为”层面，并且存在显著关系。

第三节　初中生体育行为促进指标选取的原则

一、系统性原则

体育行为促进教学的实现，必须符合以及满足学生的需求和学校体育的特点，还应充分考虑初中学校体育的各个方面，从而有利于和从不同方面对学校体育进行综合评价。如果所选的评价指标不够系统，则可能无法满足学生的某些体育需要。因此，在整个指标体系的构建过程中要遵循系统性原则。

二、可行性原则

可行性原则是建立初中“体育行为促进”指标体系时必须考虑的原则，如果不以可行性作为前提，那么系统的指标将无法发挥其作用。所以，在构建指标时，每个问题都应有意义且切合实际，从而使调查人员真实地填写并回答问卷，确保问卷数据真实可靠。

三、代表性原则

影响初中体育课和比赛的因素有很多，在实际的操作过程中，没办法将所有指标一一罗列出来。应该从实际情况出发，从学生的角度出发选择具有代表性的指标，确保这些指标能够比较全面地反映出学生对体育课和比赛的需求，使学生的调查结果能够反映出学校体育还存在的不足，从而找出其原因。

四、科学性原则

沈阳市初中生“体育行为促进”模式指标体系的构建，其主要目的是促进初中生的体育锻炼行为，在设计时确保筛选指标的真实性，科学地反映出其预期所要达到的效果，并确保其真实性。同时，本文指标体系的建立，应结合初中生的特点来制定，不能直接间接影响其他人的指标，确保指标间不存在冲突、相互矛盾的现象。

五、动态性原则

随着社会的不断变化以及国家相关体育政策的陆续出台，学生对体育的需求也在不断发生变化。所以，在构建指标体系时，应考虑学生的需求动态变化的过程，及时地更新相关指标及学生需求的变化。这样才能及时、有效地反映出当前“体育课和体育比赛”存在哪些方面的问题，以便于及时、有效地改善。

第四节 初中生体育行为促进指标体系构建

一、体育行为促进指标体系构建的步骤

在社会生态学的理论中，人的行为受多水平因素的相互影响，一般包括个体、家庭、学校、社区和政策五个层面。因此，初中生“体育行为促进”模式模型的指标影响因素主要是根据这五个方面进行的，主要是通过以下步骤实现的：

（一）确定范围，构建框架

该步骤依据初中生“体育行为促进”模式概念以及内涵，主要是为了增强学生的体育锻炼行为和技能学习所服务。应结合社会生态系学理论及相关理论研究，确定影响初中体育课和比赛的因素从个体、学校、社区、家庭、政策 5 个层面来综合分析，构建出一个有理论、有实际基础的指标框架体系。

（二）整理指标，设计问卷

在上述步骤的前提下，根据相关理论研究和专家指标筛选结果，进行指标的整合，进而构建影响初中生“体育行为促进”模式模型的指标体系。

（三）专家调查，确定问卷

该步骤主要是把编制的问题指标，发放给专家进行重复的两轮筛选活动，最后确立了初中“体育行为促进”模式模型的指标体系，形成学生问卷。

（四）发放问卷，进行初测

通过电子问卷的形式向学生发放问卷，并对问卷进行回收处理，进行项目分析等初选指标，然后在指标选定的基础上构建指标体系，并以具有代表性的两所学校（浑南一中和沈阳第一〇七中学）进行预调研。

（五）提炼指标，进行模型拟合

经过预调研对问卷精化处理，最终删除不适合的指标，形成最终问卷。随机发放全国七所中学，再对回收的问卷进行数据处理，最后进行模型的拟合。

二、中学生体育行为促进指标体系的构建与确定

筛选的90个二级指标制成问卷发放至13位专家和初中体育教师，并邀请其为之打分。将第一轮专家问卷回收后，根据各位专家的意见修改指标，删除了平均分低于3分的二级指标后，再将进行调整后的第二轮问卷向相同专家再次发放，专家在两次赋值后指标的平均值均大于3，表示专家认可这些指标，适合本次研究模型指标体系。如表4-4-1所示：

表4-4-1　初中生“体育行为促进”模式模型指标体系（第二轮专家问卷一致通过）

一级指标	二级指标
A. 个体层面	掌握技能、强身健体、精神愉悦、缓解压力、成就感、运动频率、参与态度、兴奋性、兴趣需求、运动习惯、运动自主性、好奇性
B. 学校层面	知识传授、教学方式、师生交流、教师鼓励、沟通交流、班主任监督、物质改善、场地面积、文化氛围、开展频率、开展项目、课程保障、课程设置、课程内容、负荷量
C. 家庭层面	行动支持、经济支持、家长指导、陪同参与、认识支持、运动氛围、运动器械、教养方式、亲子交流、教育程度
D. 社区层面	器材分布、场地设施、经济保障、指导中心、宣传栏、体育知识普及、体育讲座、锻炼人数、社区比赛、指导员、组织活动
E. 政策层面	中国健康行动、技能培训、体质监测、健康标准、学校工作、学校重视、课程修订、资源数量、执行意见、学校落实
F. 体育课＋比赛	技能学习、项目种类、运动队、兴趣社团、组织活动、举办频率、技能掌握、自身需求、接受态度、参赛频率、参与意向、参与途径

最终根据专家的打分，达成一致意见，初步确定初中生“体育行为促进”模式模型的指标体系，如表4-4-2为两轮专家问卷的回收情况。

表4-4-2　指标筛选专家问卷回收情况

问卷轮次	发放数量	回收数量	回收率（%）	有效率（%）
第一轮	13	13	100	100
第二轮	13	13	100	100

将以上二级指标可以继续展开为三级指标，三级指标可以在问卷上对学生直接进行测量，如表 4–4–3 所示。

表 4–4–3　初中生“体育行为促进”模式模型四级指标

测评项目
A1 参加体育比赛能提高运动技能
A2 参加体育比赛可使身体更强健
A3 参加体育比赛可放松身心使心情愉悦
A4 参加体育比赛可以释放学习中的压力
A5 参加体育比赛能产生成就感
A6 你经常参加体育比赛
A7 你对体育比赛的态度很认真
A8 你对体育比赛有极高的兴奋性
A9 你对体育比赛知识讲解很感兴趣
A10 你一天不参与体育运动就会感觉不舒服
A11 你能自主地进行体育锻炼
A12 你对各种体育运动项目都很期待
B1 总会在体育课中收获新的技能知识
B2 体育老师的教授方式受到你的支持
B3 体育老师在课堂上互动频繁
B4 体育老师会鼓励你经常参加体育比赛
B5 体育老师会与家长沟通你在校运动情况
B6 班主任会鼓励积极参与体育比赛
B7 学校领导重视学校体育物质条件的改善
B8 学校的设施、场地器材较为完善
B9 学校的体育文化氛围浓厚
B10 学校经常开展体育比赛活动
B11 学校的体育活动开展项目丰富
B12 学校能保障一周 3 次的体育课
B13 学校的体育课程设置合理
B14 学校体育课的教学内容能吸引你积极参与体育学习
B15 体育课的负荷量能满足你的需求
C1 家长会支持你参加体育培训

续表

测评项目
C2 家长会支持你购买运动用品
C3 家长会指导你进行体育比赛
C4 家长会陪同你一起参加体育比赛
C5 家长会认为你参加体育比赛可以增强你的竞争力
C6 你家庭有参与体育运动的习惯
C7 你的家里有健身的简单器材
C8 家长会督促你参与体育比赛
C9 家长会经常一起交流体育比赛
C10 家长的体育教育理念良好
D1 社区的设备器材能满足你的体育活动需求
D2 社区附近的运动场馆给你带来了便利
D3 社区能为体育比赛提供经济保障
D4 社区有专门的体育指导中心
D5 社区会通过宣传栏宣传体育相关知识
D6 社区会组织体育知识竞赛
D7 社区会开展体育健康教育的讲座
D8 社区的锻炼人数居多
D9 社区的体育文化建设良好
D10 社区配有专门的体育指导员
D11 社区会组织各类体育比赛
E1 学校会要求每天课外活动时间大于 1h
E2 学校会开展运动技能培训
E3 学校会重视学生身体素质的提高
E4 你知道国家规定的体质健康标准
E5 学校会普及体育相关的政策
E6 学校会重视体育健康教育课程
E7 你觉得学校的体育课是符合标准的
E8 学校的体育老师数量能满足需求
E9 体育加入中考是你所能接受的
E10 你的学校会实施某些体育政策

续表

测评项目
F1 体育老师能教授 3 项以上的运动项目
F2 学校开展的运动项目有 8 种以上
F3 学校会培养专门的体育运动队
F4 学校有专门的体育兴趣社团
F5 体育老师会在体育课上组织比赛
F6 学校一学期会举办 3 次以上的体育比赛
F7 通过体育课能学习掌握 2 项运动技能
F8 你参加体育比赛主要是满足自身需求
F9 在体育课上开展比赛运动是你所能接受的
F10 你一学期会参加 3 次以上的体育比赛
F11 你会参与除学校以外的体育比赛活动
F12 你会参加校外的体育专项培训

三、预调研的分析

（一）预调研对象的选择

为确保在国内部分省会顺利展开调研，本研究前期以浑南一中和沈阳第一〇七中学作为样本学校。本次预调查选取他们班的部分学生作为调查对象，对预调查问卷进行测试。在回收的问卷中，将超过 10% 的 7 题以上未能作答的问卷视为无效问卷。此次共计回收 150 份问卷，其中有效问卷 150 份，问卷有效率为 100%。本次预调研调查对象的基本情况，如表 4-4-4 所示。

表 4-4-4　预调研调查对象基本情况（人）

	浑南一中			沈阳第一〇七中学			合计	%
	初一	初二	初三	初一	初二	初三		
女	10	11	12	17	15	7	72	48
男	11	12	8	19	16	12	78	52
合计	21	23	20	36	31	19	150	100
百分比	14	15.33	13.33	24	20.67	12.67	100	

（二）初中生“体育行为促进”影响因素问卷的编制

1. 项目分析

首先，是进行极端组的比较。根据每个题项的平均数的差异，删除了题项中未达到显著性的题目。如果临界比值＜ 3.50 则说明该题项的区分度不够，则将其删除。如果题项都达到了显著影响，然后会根据临界比值＞ 3.50 作为筛选依据。

其次，是进行题项与总分相关的分析。当题项与量表的相关性 r 值＜ 0.30 时，则说明该题项与总分呈现弱相关，应将其删除；若 0.30 ≤相关性 r 值≤ 0.50 时，则说明该题项与总分呈现低相关；若当 0.50 ≤相关性 r 值≤ 0.80 时，则说明该题项与总分呈现中度相关；当相关性 r 值＞ 0.80 时，表示该题项与总分呈高度相关。

最后，进行同质性检验。依据学者吴明隆的项目分析标准，删除因素负荷量小于 0.45 并共同性小于 0.2 的题项，如表 4–4–5 所示。

表 4–4–5　项目分析汇总表

子量表	题项	极端组比较	题项与总分相关		同质性检验			未达标数	备注
		决断值	题项与总分相关	校正题项与总分相关	题项删除后的 α 值	共同性	因素负荷量		
个体量表	A2	5.837	0.488	0.382	0.850	0.217	0.466	1	删除
家庭量表	C2	5.817	0.677	0.297	0.770	0.180	0.425	3	删除
	C10	0.169	0.072	0.095	0.815	0.019	0.138	4	
社区量表	D2	5.310	0.506	0.391	0.836	0.235	0.485	1	删除
政策量表	E1	6.751	0.526	0.389	0.813	0.234	0.483	1	删除
	E9	4.843	0.482	0.342	0.818	0.200	0.447	1	
体育行为促进量表	F9	4.192	0.418	0.397	0.839	0.243	0.439	1	删除
判断依据		≥ 3.000	≥ 0.400	≥ 0.400	（注）	≥ 0.200	≥ 0.450		

注：题项删除后的 α 应小于量表的内部一致性 α 系数。个体量表 α 值为 0.852、家庭量表 α 值为 0.772、社区量表 α 值为 0.839、政策量表 α 值为 0.818、体育课 + 比赛量表 α 值为 0.770。

2. 探索性因素分析

在进行探索性因素分析前先计算量表的取样适切性量数（Kaiser-Meyer-Olkin，简称 KMO）和 Bartlett's 球形检验值，看量表是可以进行探索性因素分析。根据常用标准，若 KMO ＞ 0.9 说明非常适合，＞ 0.8 说明合适，＞ 0.7 说明一般，＞ 0.6 说明不适合。若 KMO ＜ 0.5，则说明该量表数据不理想。即为各子量表的 KOM 和 Bartlett's 球形检验值。如表 4–4–6 所示。

表 4–4–6　各子量表 KMO 和 Bartlett's 球形检验值

量表	KMO	Bartlett's 球形检验		
		近似卡方值	自由度（df）	显著性（sig）
个体量表	0.884	479.895	55	0.000
学校量表	0.929	620.574	78	0.000
家庭量表	0.763	406.855	28	0.000
社区量表	0.865	400.596	45	0.000
政策量表	0.852	315.311	28	0.000
体育行为促进量表	0.809	526.470	55	0.000

首先，6 个子量表经过检验，KMO（Kaisex–Meyrt–Olkin）值分别为 0.884、0.929、0.763、0.865、0.852、0.809，且对应的 P 值均小于 0.05，6 个分量表均适合进行因素分析。

其次，进行主成分分析采取特征值大于 1 的方式，结合最大方差旋转法，求取旋转因子载荷矩阵。然后删除因子题项小于 3 个并且载荷量小于 0.45 的变量，

最后，确定各因子结构中各主因子的测量变量的因子载荷量均都大于 0.45。以下为探索因素的分析结果：

在个体量表中共抽取了 3 个共性因子，累计贡献率达到 53.357%。其中，第一个共性因子包含了 4 个条目，累计贡献率为 23.22%，命名为“运动参与”因子；第二个共性因子包含了 3 个条目，累计贡献率为 18.297%，命名为“兴趣态度”因子；第三个共性因子包含 4 个条目，累计贡献率为 17.839%，命名为“价值取向”因子，如表 4–4–7 所示。

表 4-4-7　个体量表探索因素分析结果表

题项	最大方差法正交转轴后因素负荷量			共同度
	运动参与	兴趣态度	价值取向	
A10 你一天不参与体育运动就会感觉不舒服	0.795			0.662
A6 你经常参加体育比赛	0.755			0.680
A11 你能自主进行体育锻炼	0.754			0.636
A9 你对体育比赛知识讲解很感兴趣	0.657			0.593
A3 参加体育比赛可以放松身心使心情愉悦		0.781		0.669
A12 你对各种运动项目都很期待		0.651		0.577
A8 你对体育比赛有极高的兴奋性		0.610		0.491
A7 你对体育比赛的态度很认真			0.736	0.632
A5 参加体育比赛能产生成就感			0.684	0.533
A1 参加体育比赛能提高运动技能			0.668	0.534
A4 参加体育比赛可以释放学习中的压力			0533	0.521
特征值	2.554	2.013	1.962	
解释变异量 %	23.220	18.297	17.839	
累积解释变异量 %	23.220	41.517	59.357	

在学校量表中共抽取了 3 个共性因子，累计贡献率达到 57.48%。其中，第一个共性因子包含了 5 个条目，累计贡献率为 23.967%，命名为“学校环境”因子；第二个共性因子包含了 3 个条目，累计贡献率为 16.769%，命名为“体育教师”因子；第三个共性因子包含 4 个条目，累计贡献率为 16.744%，命名为“体育课程”因子，如表 4-4-8 所示。

表 4-4-8　学校量表探索因素分析结果表

题项	最大方差法正交转轴后因素负荷量			共同度
	学校环境	体育教师	体育课程	
B8 学校的设施、场地器材较为完善	0.783			0.729
B7 学校领导重视学校体育物质条件改善	0.684			0.507
B11 学校的体育活动开展项目丰富	0.650			0 .829
B9 学校的体育文化氛围浓厚	0.601			0 .614
B6 班主任会鼓励你积极参与体育比赛	0.533			0 .468
B15 体育课的负荷量能满足你的需求		0.456		0 .494
B4 体育老师会鼓励你经常参加体育比赛		0.771		0 .653
B5 体育老师会与家长沟通你在校的运动情况		0.703		0 .614

续表

题项	最大方差法正交转轴后因素负荷量			共同度
	学校环境	体育教师	体育课程	
B1 你总会在体育课中收获新的技能知识			0.746	0 .598
B13 学校的体育课程设置合理			0.645	0.595
B14 学校体育课的教学内容能吸引你积极参与体育学习			0.562	0.566
B3 体育老师在课堂上互动频繁			0.513	0.531
特征值	2.876	2.012	2.009	
解释变异量 %	23.967	16.769	16.744	
累积解释变异量 %	23.967	40.736	57.480	

在家庭量表中共抽取了 2 个共性因子，累计贡献率达到 58.796%。其中，第一个共性因子包含了 4 个条目，累计贡献率为 30.814%，命名为“家长支持”因子；第二个共性因子包含了 4 个条目，累计贡献率为 27.985%，命名为“家庭环境”因子，如表 4–4–9 所示。

表 4–4–9　家庭量表探索因素分析结果表

题项	最大方差法正交转轴后因素负荷量		共同度
	家长支持	家庭环境	
C6 你的家庭有参与体育运动的习惯	0.781		0.642
C9 家长会经常一起交流体育比赛	0.697		0.510
C7 你的家里有健身的简单器材	0.657		0.465
C3 家长会指导你进行体育比赛	0.651		0.437
C8 家长会督促你参与体育比赛		0.879	0.773
C5 家长会认为你参加体育比赛可以增强你的竞争力		0.871	0.833
C4 家长会陪同你一起参加体育比赛		0.578	0.560
C1 家长会支持你参加体育培训		0.518	0.484
特征值	2.465	2.239	
解释变异量 %	30.814	27.983	
累积解释变异量 %	30.814	58.796	

在社区量表中共抽取了 3 个共性因子，累计贡献率达到 60.963%。其中，第一个共性因子包含了 4 个条目，累计贡献率为 25.152%，命名为“组织影响”因子；第二个共性因子包含了 3 个条目，累计贡献率为 19.755%，命名为“运动保障”因子；第三个共性因子包含 3 个条目，累计贡献率为 16.056%，命名为“场地资金”因子。如表 4–4–10 所示。

表 4-4-10　社区量表探索因素分析结果表

题项	最大方差法正交转轴后因素负荷量			共同度
	组织影响	运动保障	场地资金	
D6 社区会组织体育知识竞赛	0.816			0.716
D10 社区配有专门的体育指导员	0.776			0.674
D11 社区会组织各类体育比赛	0.735			0.611
D9 社区的体育文化建设良好	0.714			0.595
D5 社区会通过宣传栏宣传体育相关知识		0.813		0.676
D1 社区的健身器材能满足你的体育活动需求		0.665		0.535
D7 社区会开展体育健康教育的讲座		0.621		0.461
D2 社区附近的运动场馆给你带来了便利			0.846	0.732
D3 社区能为体育比赛提供经济保障			0.624	0.529
D4 社区有专门的体育指导中心			0.512	0.566
特征值	2.515	1.976	1.606	
解释变异量 %	25.152	19.755	16.056	
累积解释变异量 %	25.152	44.907	60.963	

在政策量表中共抽取了 2 个共性因子，累计贡献率达到 55.388%。其中，第一个共性因子包含了 4 个条目，累计贡献率为 29.365%，命名为“政策实施”因子；第二个共性因子包含 4 个条目，累计贡献率为 26.023%，命名为“政策保障”因子，如表 4-4-11 所示。

表 4-4-11　政策量表探索因素分析结果表

题项	最大方差法正交转轴后因素负荷量		共同度
	政策实施	政策保障	
E3 学校会重视学生身体素质的提高	0.733		0.542
E6 学校会重视体育健康教育课程	0.649		0.567
E7 你觉得学校的体育课是符合标准的	0.643		0.496
E4 你知道国家规定的体质健康标准	0.603		0.372
E10 你的学校会实施某些体育政策		0.469	0.559
E2 学校会开展技能培训		0.851	0.730
E5 学校会普及相关的体育政策		0.786	0.673
E8 学校的体育老师数量能满足需求		0.528	0.491
特征值	2.349	2.082	
解释变异量 %	29.365	26.023	
累积解释变异量 %	29.365	55.388	

在体育行为促进量表中共抽取了 3 个共性因子，累计贡献率达到 59.820%。其中，第一个共性因子包含了 3 个条目，累计贡献率为 20.849%，命名为“体验程度”因子；第二个共性因子包含了 4 个条目，累计贡献率为 20.205%，命名为“专业化程度”因子；第三个共性因子包含 4 个条目，累计贡献率为 18.765%，命名为“需求程度”因子。如表 4–4–12 所示。

表 4–4–12　体育行为促进量表探索因素分析结果表

题项	最大方差法正交转轴后因素负荷量			共同度
	参与程度	开设程度	需求程度	
F12 你会参加校外的体育专项培训	0.871			0.789
F11 你会参加学校以外的体育比赛活动	0.861			0.789
F10 你一学期会参加 3 次以上的体育比赛	0.645			0.551
F5 体育老师会在体育课上组织比赛		0.825		0.775
F3 学校会培养专门的体育运动队		0.602		0.436
F2 学校开展的运动项目有 8 种以上		0.589		0.526
F1 体育老师能教授 3 项以上的运动技能		0.573		0.442
F6 学校一学期会举办 3 次以上的体育比赛			0.732	0.612
F7 通过体育课能学习掌握 2 项运动技能			0.642	0.602
F8 你参加体育比赛主要是满足自身需求			0.607	0.527
F9 在体育课上开展比赛运动是你所能接受的			0.536	0.533
特征值	2.293	2.223	2.064	
解释变异量 %	20.849	20.205	18.765	
累积解释变异量 %	20.849	41.054	59.820	

经过探索性因素分析发现，该子量表中各变量因子的负荷量均大于 0.45，最后提取出 3 个主因子。

（三）初测问卷条目汇总

经过上述的项目分析和探索性因子分析，最后删除了每个量表中不符合标准的题目，然后对剩下的题目进行重新编码汇总，形成了最后的正式问卷。如表 4–4–13 所示。

表 4–4–13　初中体育行为促进影响因素调查问卷保留题目汇总表

量表	保留题项	数量
个体层面量表	A1、A3、A4、A5、A6、A7、A8、A9、A10、A11、A12	11

续表

量表	保留题项	数量
学校层面量表	B1、B3、B4、B5、B6、B7、B8、B9、B11、B13、B14、B15	12
家庭层面量表	C1、C3、C4、C5、C6、C7、C8、C9	8
社区层面量表	D1、D2、D3、D4、D5、D6、D7、D9、D10、D11	10
政策层面量表	E2、E3、E4、E5、E6、E7、E8、E10	8
体育行为促进层面量表	F1、F2、F3、F5、F6、F7、F8、F9、F10、F11、F12	11

（四）信效度检验

1. 信度检验

以本书的研究内容和目的为根据，将内部一致性的 α 系数值定为 0.70 以上，然后对每个量表进行信度检验。发现每个量表 α 系数值均大于 0.7，如表 4-4-14 所示。同时，选择其中某一量表，根据同一量表下的各个题目的含义。本书将 3 个因子分别命名为运动参与、兴趣态度、价值取向，可以看到个体量表及其所含因子的 α 值也都均大于 0.6。所以本问卷的信度较好，如表 4-4-15 所示。

表 4-4-14　初中体育行为促进情况各量表的可靠性统计表

量表	Cronbach's Alpha	参考标准
个体量表	0.851	α 大于 0.7
学校量表	0.890	
家庭量表	0.818	
社区量表	0.827	
政策量表	0.816	
体育行为促进量表	0.839	

表 4-4-15　个体层面各因素内部一致性程度

因素	α 值
运动参与	0.806
兴趣态度	0.671
价值取向	0.687

2. 效度检验

运用社会生态学理论和德尔菲法最终得出调研问卷，因此，本问卷具有良好的内容效度。经过项目分析和探索性因子分析修改后得到的问卷，进行效度分析结果各项都符合标准，说明本问卷仍适合做因子分析。如表 4–4–16 所示。

表 4–4–16　KMO 和巴特利特检验

KMO 取样适切性量数		0. 777
巴特利特球形检验	近似卡方值	4 078.487
	自由度	1 653
	显著性	0.000

再根据同一量表下的题目含义，提取的 3 个因子反映了在个体方面的影响因素，各个显变量在 3 个因子的负荷绝对值在 0.542～0.773 之间，均大于 0.45，如表 4–4–17 所示。

表 4–4–17　方差极大旋转因素负荷矩阵

因子	题项及负荷	题项及负荷	题项及负荷	题项及负荷
运动参与	A10 0.731	A6 0.769	A11 0.752	A9 0.773
兴趣态度	A3 0.560	A12 0.628	A8 0.542	
价值取向	A7 0.612	A5 0.609	A1 0.624	A4 0.645

（五）初中生“体育行为促进”模式模型的验证

1. 调查对象的分析

问卷采用问卷形式发放，在数据录入过程中，将超过 5 题未作答和作答选项全部一致的问卷视为无效问卷。总计回收问卷 1452 份，经处理得到的有效问卷 1200 份，有效率 82.6%。从回收情况来看，样本容量基本能满足需求。如表 4–4–18 所示。

表 4–4–18　有效样本学校分布情况

学校	频率	百分比	有效百分比	累计百分比
无锡江南中学	220	18.3	18.3	18.3
昆明小街镇一中	246	20.5	20.5	38.8
山东莱西第一中学	223	18.6	18.6	57.4
沈阳市第七中学	246	20.5	20.5	77.9
广西邕宁民族中学	265	22.1	22.1	100.0
合计	1 200	100.0	100.0	

在回收的有效问卷中，无锡江南中学共有 220 人，昆明小街镇一中 246 人，山东莱西第一中学 223 人，沈阳市第七中学 246 人，广西邕宁民族中学 265 人；总计男生 664 人，女生 536 人；初一 376 人，初二 449 人，初三 375 人；来自农村的有 331 人，乡镇 244 人，城市 625 人。如表 4-4-18 至 4-4-21 所示：

表 4-4-19　有效样本性别分布情况

性别	频率	百分比	有效百分比	累计百分比
男	664	55.3	55.3	55.3
女	536	44.7	44.7	100.0
合计	1 200	100.0	100.0	

表 4-4-20　有效样本年级分布情况

年级	频率	百分比	有效百分比	累计百分比
初一	376	31.3	31.3	31.3
初二	449	37.4	37.4	68.7
初三	375	31.3	31.3	100.0
合计	1 200	100.0	100.0	

表 4-4-21　有效样本生源地分布情况

生源地	频率	百分比	有效百分比	累计百分比
农村	331	27.6	27.6	27.6
乡镇	244	20.3	20.3	47.9
城市	625	52.1	52.1	100.0
合计	1 200	100.0	100.0	

2. 模型的验证性分析

模型构建所依据的判断标准为[①]：卡方自由度比值反映（X^2/df）的是模型的拟合度，$X^2/df < 3$ 时，模型可接受，同时值越小拟合度越高，最大宽泛到 5 可接受。CFI（比较拟合指数）、NFI（规范拟合指数）、RFI（相对拟合指数）、IFI（增值适配指数）、GFI（拟合优度指数）是反映模型拟合程度的重要指标，以上 5 个指数的值在 0～1 之间，越接近于 1 模型拟合度越高，其中＞ 0.9 通常作为常用的拟

① 吴明隆. 结构方程模型：AMOS 的操作与应用：第 2 版. 重庆：重庆大学出版社，2010. 10. 236-240.

合接受标准[①]。RMSEA 的值在 0.08 以下，越接近于 0 表示模型的拟合度越好。

（1）个体关系验证模型分析

将运动参与、兴趣态度、价值取向作为潜因子，衡量的指标是调查问卷中相应的题目，进行了个体关系验证模型的构建，如图 4-4-1 所示。

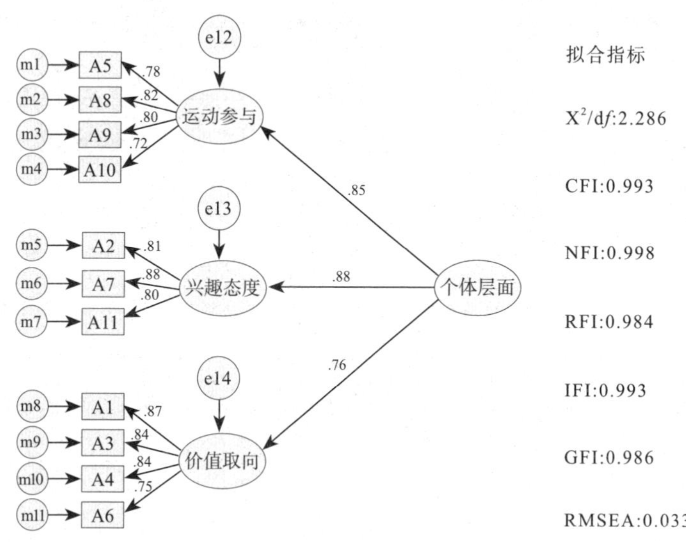

图 4-4-1　个体关系测量模型

①在测量模型中，X^2/df=2.286，CFI、NFI、RFI、IFI、GFI、RMSEA 参数值依次为 0.993、0.998、0.984、0.993、0.986、0.033，各项指标均满足标准的要求，说明该模型的适配度符合标准要求。

②如表 4-4-22 所示，首先，模型的聚合效果比较良好，这是因为各个潜变量所对应的题目因子载荷均都大于 0.7，每个潜变量对应的题目都很具有代表性；其次，每个潜变量的 CR 组成效度均大于 0.6，且 AVE 的值也均大于 0.5 符合标准。

③如表 4-4-23 所示，每个题项相关系数的绝对值均都小于 AVE 的平方根值，由此说明，每个潜变量之间都存在着一定的相关性，又具有一定的区分效度并且相对比较理想。

① 王先亮. 全域视角下青少年体育锻炼行为促进模型的构建［J］. 体育成人教育学刊，2019，35（3）：62-69，2.

表 4-4-22　个体因子载荷表

	路径		std.	CR 组成效度	AVE 收敛效度
运动参与	<---	个体层面	0.855	0.871	0.693
兴趣态度	<---		0.879		
价值取向	<---		0.758		
A5	<---	运动参与	0.784	0.863	0.612
A8	<---		0.818		
A9	<---		0.805		
A10	<---		0.717		
A2	<---	兴趣态度	0.810	0.865	0.681
A7	<---		0.863		
A11	<---		0.801		
A1	<---	价值取向	0.865	0.895	0.680
A3	<---		0.845		
A4	<---		0.839		
A6	<---		0.745		

表 4-4-23　个体因子区分效度表

	AVE	个体层面	价值取向	兴趣态度	运动参与
个体层面	0.693	0.832			
价值取向	0.680	0.758	0.825		
兴趣态度	0.681	0.879	0.666	0.825	
运动参与	0.612	0.855	0.648	0.751	0.782

（2）学校关系验证模型分析

将学校环境、体育课程、体育教师作为潜因子，衡量的指标是调查问卷中相应的题目，构建了学校关系验证模型。如图 4-4-2 所示。

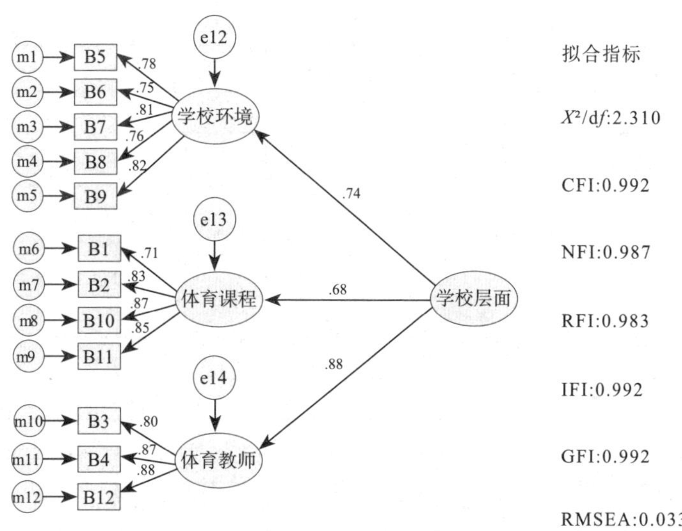

图 4-4-2　学校关系测量模型

①在测量模型中，X^2/df=2.310，CFI、NFI、RFI、IFI、GFI、RMSEA 参数值依次为 0.992、0.987、0.983、0.992、0.992、0.033，各项指标均满足标准的要求，说明该模型的适配度符合标准要求。

②如表 4-4-24 所示，首先，模型的聚合效果比较良好，因为各个潜变量所对应的题目因子载荷均都大于 0.7，每个潜变量对应的题目都很具有代表性；其次，每个潜变量的 CR 组成效度均大于 0.6，且 AVE 的值也均大于 0.5 符合标准。

③如表 4-4-25 所示，每个题项相关系数的绝对值均都小于 AVE 的平方根值，由此说明，每个潜变量之间都存在着一定的相关性，又具有一定的区分效度并且相对比较理想。

表 4-4-24　学校因子载荷表

	路径		std.	CR 组成效度	AVE 收敛效度
学校环境	<---	学校层面	0.737	0.790	0.559
体育课程	<---		0.676		
体育教师	<---		0.822		
B5	<---	学校环境	0.781	0.888	0.614
B6	<---		0.751		
B7	<---		0.812		
B8	<---		0.757		

续表

	路径		std.	CR 组成效度	AVE 收敛效度
B9	<---		0.815		
B1	<---	体育课程	0.713	0.889	0.669
B2	<---		0.832		
B10	<---		0.870		
B11	<---		0.848		
B3	<---	体育教师	0.797	0.887	0.724
B4	<---		0.875		
B12	<---		0.878		

表 4-2-25　学校因子区分效度表

	AVE	学校层面	体育教师	体育课程	学校环境
学校层面	0.559	0.748			
体育教师	0.724	0.882	0.851		
体育课程	0.669	0.676	0.596	0.818	
学校环境	0.614	0.737	0.650	0.498	0.784

（3）家庭关系验证模型分析

将家长支持、家庭环境作为潜因子，以调查问卷中相应的题目作为指标，构建了家庭关系验证模型。如图 4-4-3 所示：

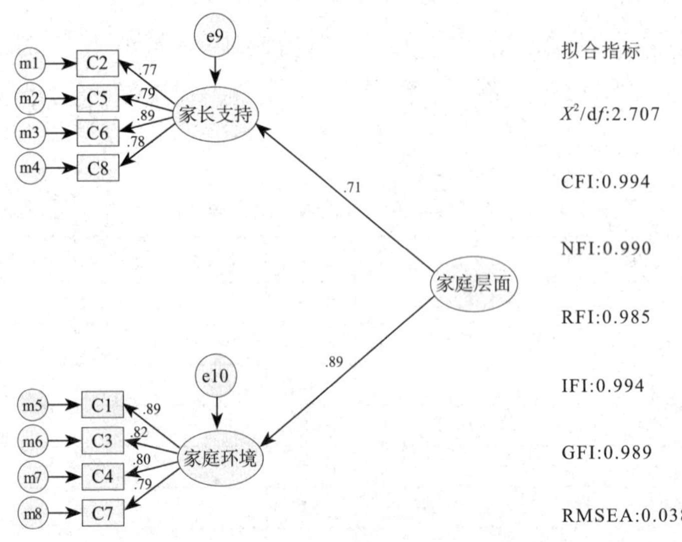

图 4-4-3　家庭关系测量模型

①在测量模型中，X^2/df=2.707，CFI、NFI、RFI、IFI、GFI、RMSEA 参数值依次为 0.994、0.990、0.985、0.994、0.989、0.038，各项指标均满足标准的要求，说明该模型的适配度符合标准要求。

②如表 4–4–26 所示，首先，模型的聚合效果比较良好，因为各个潜变量所对应的题目因子载荷均都大于 0.7，每个潜变量对应的题目都很具有代表性；其次，每个潜变量的 CR 组成效度均大于 0.6，且 AVE 的值也均大于 0.5 符合标准。

③如表 4–4–27 所示，每个题项相关系数的绝对值均都小于 AVE 的平方根值，由此说明，每个潜变量之间都存在着一定的相关性，又具有一定的区分效度并且相对比较理想。

表 4–4–26　家庭因子载荷表

	路径		std.	CR 组成效度	AVE 收敛效度
家长支持	<---	家庭层面	0.712	0.786	0.650
家庭环境	<---		0.890		
C2	<---	家长支持	0.774	0.884	0.657
C5	<---		0.794		
C6	<---		0.889		
C8	<---		0.781		
C1	<---	家庭环境	0.693	0.859	0.605
C3	<---		0.819		
C4	<---		0.798		
C7	<---		0.795		

表 4–4–27　家庭因子区分效度表

	AVE	家庭层面	家庭环境	家长支持
家庭层面	0.650	0.806		
家庭环境	0.605	0.890	0.778	
家长支持	0.657	0.712	0.634	0.811

（4）社区关系验证模型分析

将组织影响、运动保障、场地资金作为潜因子，以调查问卷中相应的题目作为指标，构建了社区关系验证模型。如图 4–4–4 所示。

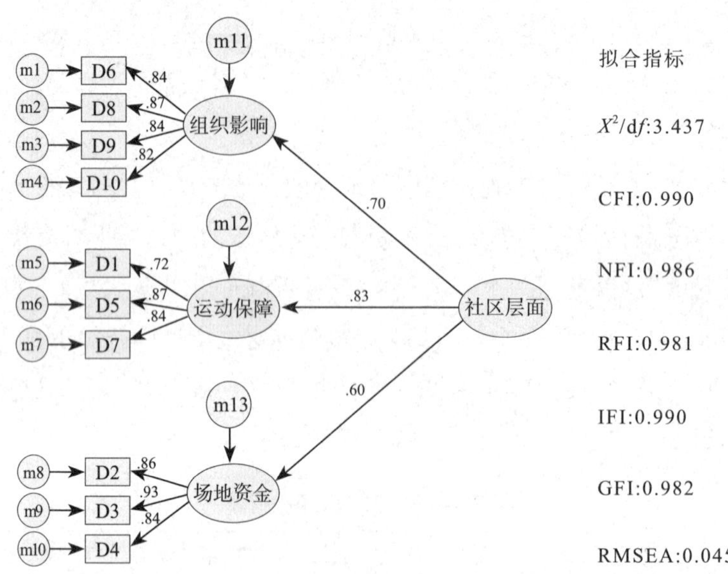

图 4-4-4　社区关系测量模型

①在测量模型中，X^2/df=3.437，CFI、NFI、RFI、IFI、GFI、RMSEA 参数值依次为 0.990、0.986、0.981、0.990、0.982、0.045，各项指标均满足标准的要求，说明该模型的适配度符合标准要求。

②如表 4-4-28 所示，首先，模型的聚合效果比较良好，因为各个潜变量所对应的题目因子载荷均都大于 0.7，每个潜变量对应的题目都很具有代表性；其次，每个潜变量的 CR 组成效度均大于 0.6，且 AVE 的值也均大于 0.5 符合标准。

③如表 4-4-29 所示，每个题项相关系数的绝对值均都小于 AVE 的平方根值，由此说明，每个潜变量之间都存在着一定的相关性，又具有一定的区分效度并且相对比较理想。

表 4-4-28　社区因子载荷表

	路径		std.	CR 组成效度	AVE 收敛效度
组织影响	<---	社区层面	0.702	0.755	0.510
运动保障	<---		0.826		
场地资金	<---		0.597		
D6	<---	组织影响	0.844	0.910	0.717
D8	<---		0.872		
D9	<---		0.845		
D10	<---		0.825		

续表

	路径		std.	CR 组成效度	AVE 收敛效度
D1	<---	运动保障	0.716	0.850	0.655
D5	<---		0.868		
D7	<---		0.836		
D2	<---	场地资金	0.864	0.910	0.772
D3	<---		0.933		
D4	<---		0.837		

表 4-4-29　社区因子区分效度表

	AVE	社区层面	场地资金	运动保障
社区层面	0.510	0.714		
场地资金	0.772	0.597	0.879	
运动保障	0.655	0.826	0.493	0.809
组织影响	0.717	0.702	0.419	0.847

（5）政策关系验证模型分析

将政策保障、政策实施作为潜因子，以调查问卷中相应的题目作为指标，构建了政策关系验证模型。如图 4-4-5 所示。

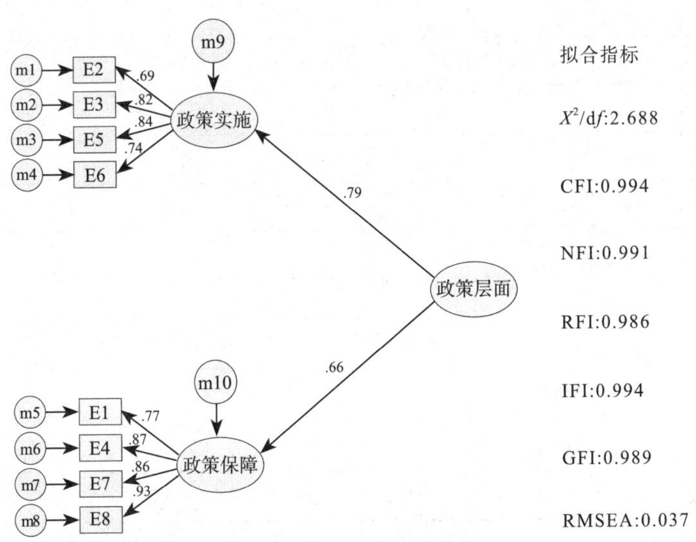

图 4-4-5　政策关系测量模型

①在测量模型中，X^2/df=2.688，CFI、NFI、RFI、IFI、GFI、RMSEA 参数值依次为 0.994、0.991、0.986、0.994、0.989、0.037，各项指标均满足标准的要求，说明该模型的适配度符合标准要求。

②如表 4-4-30 所示，模型的聚合效果比较良好，因为各个潜变量所对应的题目因子载荷均都大于 0.7，每个潜变量对应的题目都很具有代表性。每个潜变量的 CR 组成效度均大于 0.6，且 AVE 的值也均大于 0.5 符合标准。

③如表 4-4-31 所示，每个题项相关系数的绝对值均都小于 AVE 的平方根值，由此说明，每个潜变量之间都存在着一定的相关性，又具有一定的区分效度并且相对比较理想。

表 4-4-30　政策因子载荷表

	路径		std.	CR 组成效度	AVE 收敛效度
政策实施	<---	政策层面	0.789	0.527	0.689
政策保障	<---		0.657		
E2	<---	政策实施	0.689	0.856	0.600
E3	<---		0.821		
E5	<---		0.836		
E6	<---		0.742		
E1	<---	政策保障	0.766	0.900	0.692
E4	<---		0.867		
E7	<---		0.862		
E8	<---		0.829		

表 4-4-31　政策因子区分效度表

	AVE	政策层面	政策保障	政策实施
政策层面	0.689	0.830		
政策保障	0.692	0.657	0.832	
政策实施	0.600	0.789	0.518	0.775

（6）体育行为促进验证模型分析

将参与程度、开设程度、需求程度作为潜因子，衡量的指标是调查问卷的具体题目，构建了体育行为促进关系验证模型。如图 4–4–6 所示。

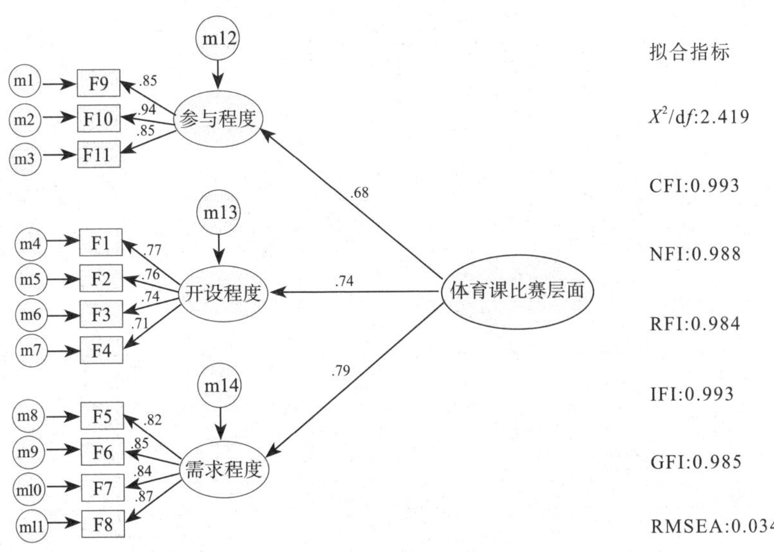

图 4–4–6　体育行为关系测量模型

①在测量模型中，X^2/d*f*=2.419，CFI、NFI、RFI、IFI、GFI、RMSEA 参数值依次为 0.993、0.988、0.984、0.993、0.985、0.034，各项指标均满足标准的要求，说明该模型的适配度符合标准要求。

②如表 4–4–32 所示，首先，模型的聚合效果比较良好，因为各个潜变量所对应的题目因子载荷均都大于 0.7，每个潜变量对应的题目都很具有代表性；其次，每个潜变量的 CR 组成效度均大于 0.6，且 AVE 的值也均大于 0.5 符合标准。

（3）如表 4–4–33 所示，每个题项相关系数的绝对值均都小于 AVE 的平方根值，由此说明，每个潜变量之间都存在着一定的相关性，又具有一定的区分效度并且相对比较理想。

表 4–4–32　体育行为促进因子载荷表

	路径		std.	CR 组成效度	AVE 收敛效度
参与程度	<---	体育课比赛层面	0.685	0.783	0.547

续表

	路径		std.	CR 组成效度	AVE 收敛效度
开设程度	<---		0.743		
需求程度	<---		0.787		
F9	<---	体验程度	0.849	0.913	0.779
F10	<---		0.944		
F11	<---		0.851		
F1	<---	专业化程度	0.765	0.833	0.556
F2	<---		0.761		
F3	<---		0.742		
F4	<---		0.713		
F5	<---	需求程度	0.818	0.910	0.716
F6	<---		0.852		
F7	<---		0.843		
F8	<---		0.870		

表 4-4-33　体育行为促进因子区分效度表

	AVE	体育课比赛层面	需求程度	开设程度	参与程度
体育行为层面	0.547	0.740			
需求程度	0.716	0.787	0.846		
开设程度	0.556	0.743	0.585	0.746	
参与程度	0.779	0.685	0.539	0.508	0.883

（六）初中生“体育行为促进”模式模型的验证及确定

根据本书的研究目的及假设，作者采用 Amos23.0 软件对初中生“体育行为促进”模式模型进行路径分析，各路径系数具体如图 4-4-7 和表 4-4-34 所示。

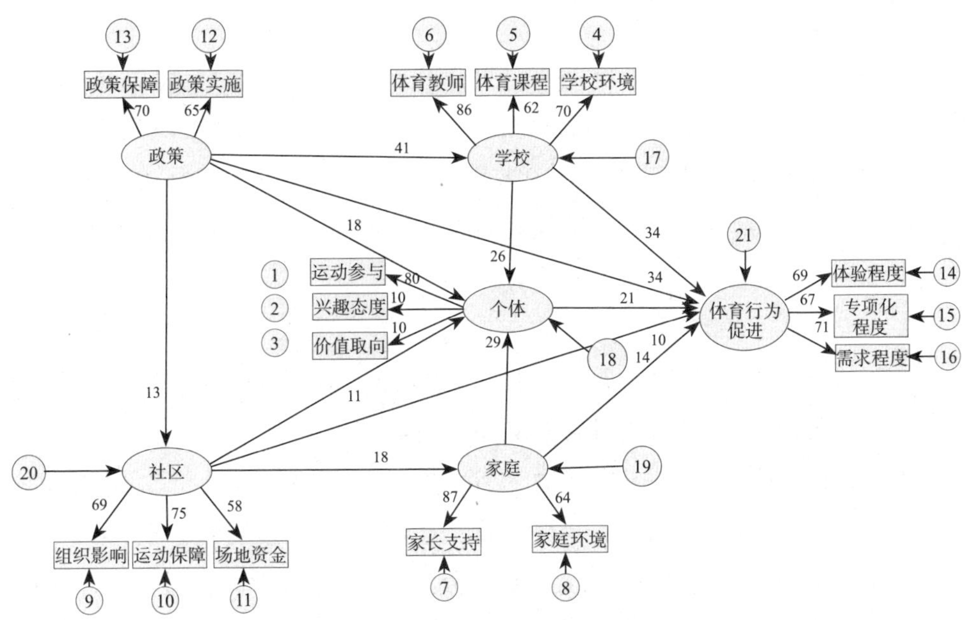

图 4-4-7　初中“体育行为促进”模式结构模型

表 4-4-34　模型各路径系数估计

序号	潜变量 / 可观测变量	路径	潜变量	影响力方向	路径系数估计值	标准化路径系数估计值	S. E.	C. R.	P
1	社区层面	<---	政策层面	−	−0.139	−0.133	0.045	-3.126	0.002
2	学校层面	<---	政策层面	+	0.453	0.414	0.051	8.862	***
3	家庭层面	<---	社区层面	−	−0.269	−0.177	0.059	-4.603	***
4	个体层面	<---	政策层面	+	0.227	0.182	0.055	4.134	***
5	个体层面	<---	社区层面	−	−0.135	−0.113	0.043	-3.159	0.002
6	个体层面	<---	学校层面	+	0.298	0.262	0.045	6.697	***
7	个体层面	<---	家庭层面	+	0.226	0.288	0.033	6.750	***
8	体育课比赛层面	<---	学校层面	+	0.454	0.345	0.053	8.486	***
9	体育课比赛层面	<---	家庭层面	+	0.127	0.141	0.033	3.818	***
10	体育课比赛层面	<---	个体层面	+	0.248	0.214	0.045	5.507	***
11	体育课比赛层面	<---	社区层面	−	−0.145	−0.105	0.047	-3.051	0.002
12	体育课比赛层面	<---	政策层面	+	0.491	0.341	0.067	7.283	***

1. 模型拟合参数分析

模型与评测对象具有良好的拟合度，其中模型的卡方 X^2=1249.56，自由度 =92，X^2/df=2.713。GFI（拟合优度指数）=0.975、IFI=0.972，CFI（比较拟合指数）=0.971、NFI（规范拟合指数）=0.956 均达到可接受的标准。并且，RMSEA（近视误差均方根）=0.038 ＜ 0.05，表明模型拟合效果良好。各项拟合指标均满足模型的标准要求，模型的拟合优度较为满意。

2. 模型的路径系数分析

模型的拟合度较为满意，显示的假设模型能较好地跟本次调查中的观测数据拟合，并且之前提到的假设也得到了较好的支持。

第 1 条路径从标准化的路径系数大小可以看出，首先，学校和政策对学生体育行为促进的作用最大，其次是个体，最后为家庭，社区影响不显著。第 2 条路径是把个体层面作为间接原因，其作用将分为两步。第 1 步是通过学校、政策、家庭层面的直接影响，使个体层面发生变化。对个体的贡献依次为家庭、学校、政策。第 2 步是个体层面。综合两条路径来看，第 1 条路径每个层面对体育课 + 比赛的直接作用路径系数最大，尤其是学校和政策是引起其发生变化的主要原因。

第五节　初中生“体育行为促进”模式模型的整体结构特点

通过对初中生“体育行为促进”模式模型的分析，我们可以得出如下结论：

第一，外在潜变量包含了政策、学校、社区、家庭四个层面，形成了全方位、立体化的初中生“体育行为”促进模式模型。构建的模型显示：个体、政策、学校、社区、家庭五个层面均对体育课 + 比赛具有预测效应，预测效应由大到小依次为学校层面＞政策层面＞个体层面＞家庭层面＞社区层面，并且上述的各层面之间也存在着相互影响关系。因此，促进青少年体育课和比赛开展既要考虑各层面之间的相互影响，又要注意它们之间的方位影响关系。

第二，“体育行为促进”模式模型的内在影响因素共计包括 16 个潜在变量。其中个体层面与运动参与、兴趣态度、价值取向高度相关，其影响从大到小依次为：兴趣态度＞运动参与＞价值取向；政策层面与政策保障、政策实施高度相关，其影响大小为：政策保障＞政策实施；学校层面与体育教师、体育课程、学校环境高度相关，其影响大小为体育教师＞学校环境＞体育课程；社区层面与组织影响、运动保障、场地资金高度相关，其影响大小为运动保障＞组织影响＞场地资金；家庭层面与家长支持、家庭环境高度相关，其影响大小为：家长支持＞家庭环境；体育课 + 比赛层面与参与程度、开设程度、需求程度高度相关，影响大小为：需求程度＞参与程度＞开设程度。

一、外在变量对“体育行为促进”的作用及其干预

政策、学校、个体、社区、家庭五个外在变量，不但有“体育行为促进”的不同空间的影响因素，又反映了不同影响因素对其行为的预测效应，对初中“体育行为”的干预，应建立全方位的概念，内外兼顾，形成“政—校—人—社—家”全方位的干预体系。在初中“体育行为促进”模型建立的明确基础上，初中“体育行为促进”的干预层面可分为内部以个体为主的和外部以政策、学校、社区、家庭为主的干预，从内部层面的干预，应该以青少年本身为主体，发挥学生自身的主动性，关键在于要激发学生的兴趣态度，同时鼓励学生参与更多的运动比赛，

加强学生对体育比赛运动的认知和价值取向，从而综合强化学生的运动技能；从外层面的干预，除了政策层面（强有力保障）的保障和实施外，还应该尝试建立以学校、家庭、社区为一体的综合促进模式。其中学校层面（直接作用）通过强化体育课程和校内外体育比赛活动，以及加强体育师资队伍建设和改善学校体育文化环境、硬件环境；家庭层面（家庭督促）通过家长的支持和良好的家庭环境，创造有利于学生积极参与体育运动的氛围；社区层面（潜在影响）完善社区的基础设施，创造良好的运动比赛环境条件，通过宣传等建立良好的体育运动氛围，给学生在校外开展体育比赛提供更加便利的条件。

二、内层变量对体育行为的影响与促进

（一）政策——体育行为促进中的“指挥棒”

政策在所有外层变量中对体育行为促进的影响最为重要（标准化路径系数R=0.345）。它由2个因子构成，其中“政策保障”的作用位列首位，其路径系数为0.70；从构成因子指标来看，它主要强调学校能否开展运动技能学习、教师数量能否满足教学需求以及体育课时保证和体育政策实施。“政策实施”的作用位于其次，其路径系数为0.65。从指标构成来看，学生知晓国家制定的体质健康标准和学校体育课要完成的教学任务；学校重视学生身体素质的提高和校园体育竞赛的开展，这些是政策实施更为关键的指向。

政策如同体育竞赛中的规则，是指挥棒，是项目开展的基准，它决定项目发展的方向，同时也是学生决策如何进行体育学习的坐标。在我国现行的教育体制下，学生的体育学习行为、体育锻炼行为以及体育竞赛如何开展，其政策保障起着至关重要的作用。当然，在重视政策保障的同时还应注重政策实施。基于政策实施和政策保障对体育行为影响的指向，说明政策具有对体育行为促进较强的影响效能，因此，重视政策的颁布与实施，对个体的体育参与有最为直接的影响。

（二）学校——体育行为促进最为直接的社会化场所

学校外层变量对体育行为促进的影响排在第二位（标准化路径系数最大R=0.341），它由3个因子构成，其中“体育教师”位于首位，它的路径系数最大

为 0.86。从构成“体育教师”指标上看，体育教师鼓励学生积极参与体育比赛；教师利用个人能力展示运动之美；身体力行参与体育教学，这些是被认可的关键。“学校环境”位于第二位，其路径系数为 0.70。从构成指标上看，体育课不被占用；学校领导重视体育场地、器材和运动条件改善；校园能够开展丰富的体育活动并形成浓厚的体育文化氛围，这些都影响着学校的体育环境。“体育课程”排在学校的第三位，它的路径系数为 0.62。能在体育课上收获新技能；充分利用课堂开展教学活动；课程设置合理以及教学内容能吸引学生积极参与，这些都较为重要。

基于体育教师、学校环境、体育课程的重要中介作用，在学校的体育工作中，应该高度重视体育教师的地位和主导作用。加强体育教师技能的掌握和提升，不断提高体育教师的专业素质和专业能力，同时，要重视学校体育课程这个主阵地、主渠道的作用，合理地开设和建设体育课程。初中属于义务教育阶段，学校理应对学生德、智、体、美、劳的全面发展承担责任。该阶段的初中生大部分时间都在学校，校园的文化氛围也是促进学生人格形成的关键，因此，实现《纲要》中要求的开足开齐体育课、增加参加比赛的机会，这一切取决于学校的态度，这也是各变量中学校成为学生体育行为促进的重要原因所在。要扭转目前体育课被占用，学生体质下降的现状，教师不但要有传授多种运动项目和组织竞赛的能力，还要有为学生全面发展负责任的态度，学校更应该完善体育设施和相关管理制度，更好地落实国家相关政策的有效执行。培养专门的体育运动队，以学校为单位经常性地开展一些学校和校际的体育联赛；以身体活动为主的课后作业，课余参加校外体育俱乐部锻炼与竞赛，这些都更直接地贴合国家对学生体育锻炼、竞赛参与的政策要求。

（三）个体——体育行为促进的关键

个体对体育行为促进的影响排在第三位（标准化路径系数 R=0.214），它由 3 个因子构成，其中“兴趣态度”排在第一位，其路径系数为 0.86。从构成的指标来看，学生参加体育比赛可放松身心、使心情愉悦、增进友谊；使肌体产生兴奋、释放压力；这些心理情感在一定程度上促进了学生的体育行为。“运动参与”排在第二位，其路径系数为 0.80。从构成的指标看，学生对体育比赛知识、规则的学习；自主地进行体育锻炼、将体育活动作为每天生活的一部分，这些都有利于促进学生参与运动，养成终身体育锻炼的习惯。“价值取向”排在第三位，路径系数为 0.71。从构成的指标看，提高体育技能以期将体育作为终身职业；体育明星的示范性；产生成就感以及对体育竞赛、对手的敬畏等，这都影响着学生的价值取向。

基于运动兴趣、运动参与、价值取向的重要中介作用，可以发现，作为个体，学生直接进行体育学习、体育锻炼和体育竞赛对体育行为促进的预测效应会更强，为此，激发学生的兴趣最为关键。激发学生个体的体育行为动机，关键要根据学生的不同价值取向和特征，提高他们对体育锻炼的认知，强化学生参与体育比赛的效能。通过讲解比赛知识、亲身参与体育锻炼感受其中乐趣等手段，促进学生由被动的参与转化为以兴趣为主导的主动学习。个体的执行可直接促进体育行为的提高，这是由个体的内因决定的。个体也可以通过家庭、学校、政策等因素的施压作用于结果，但不论是哪一种途径，如果个体不发生改变无论怎样的施压也无济于事。“个体”如同一个传导器，当它主动发生变化最终的结果才能向更好的方向发展。

（四）家庭——体育行为促进的推动力

在各因素的交互作用中，家庭对个体的影响最为显著（标准化系数 R=0.29），它由“家长支持”和“家庭环境”两个因子构成，其路径系数分别是 0.87 和 0.64。家庭作为个体赖以生存的第一场所，从出生就接受来自家庭环境和父母的影响，在学生个体还必须依靠成人监护和供养时，家长的决定似乎就成了孩子的决定。因此，在学生体育行为的影响因素中，家庭就对学生个体目标实现具有推动的作用。从构成“家长支持”和“家庭环境”指标上看，家长指导进行体育比赛、经常交流体育锻炼感受、家里有健身器材、有参与体育运动的习惯；陪同和支持孩子参加体育锻炼与比赛、认可参加体育比赛可以增强孩子的竞争力，这些都能产生预测效应。这些都说明无论是家长行为的直接影响，还是家庭环境氛围的熏陶，都对个体有着其他因素不可替代的作用。尽管，家庭对学生的体育行为促进可以产生影响，但通过激发个体内在动机，其效应更具有实际意义。

基于家长支持、家庭环境的预测效应最为显著的特征，家长应多支持学生参加体育锻炼和体育比赛。一方面竞赛可以增强学生的表现欲望，有利于自信的形成和志向的培养；另一方面，家长的支持有利于创造良好的家庭氛围，通过体育的媒介作用，可与家长形成彼此欣赏、深入交流的机会。家庭教育具有独特的基础性与长期性，是青少年儿童成长的重要场所，也是学校与社会教育都不可代替的。因此，学生的体育行为促进一定离不开家长的引导与推动。

（五）社区——体育锻炼行为促进不可忽视的隐性功能

社区在整个模型中的路径系数都为负值，并且路径系数相对较低，主要由3个因子构成，其中“运动保障”排在第一位，指标包括社区的设备器材能满足需求、体育相关知识的宣传和开展健康教育讲座。“组织影响”排在第二位，其路径系数为0.69，包括社区组织体育知识竞赛、社区体育文化建设以及社区配有专门的体育指导员。“场地资金”排在第三位，其路径系数为0.59，包括社区附近有便利的运动场馆、社区能为比赛提供经济保障以及有专门的体育指导中心。

社区对体育行为促进的预测效果不显著正说明我国社会发展所处的现实状态，也可以说是急需补充和有提升空间的阵地。我国的体育发展与国外发达国家体育活动开展的差别很大程度在于社区体育场馆设施建设的差别、专业指导的差别以及鼓励机制的差别。因此，社区应该以各级体育部门为主导，加强社区体育活动中心和公共体育场馆的建设，增强社区的体育组织建设，进一步建设青少年校外的体育活动场地，为青少年体育活动提供更便利的条件。

（六）中学生体育行为促进的特点与启示

体育行为促进是结果的变量，从前面的研究中可以看出，个人、学校和政策3个外层变量对其有着非常显著的影响。除此之外，它也有自身构成的特点。从指标的聚合来看，“需求程度”“体验程度”“专项化程度”3个因子是其显著的特征，显然，体育行为的促进最为首要解决的是学生对体育学习的需求问题。因此，清楚学生有怎样的体育学习需求，学校所开设的运动项目是否与学生需求相一致，是否符合学生成长发展的需要，这是促进学生体育行为的根本。此外，从3个构成的因子能够看出，目前，学生在校内的运动体验、供学生进行体育学习的客观条件，以及可供学生赏析的高质量体育赛事和前卫的体育资讯都是有所欠缺的。感受体育的魅力，激发学生对体育的向往，并有机会发现适合自身能稳定发展的运动项目，这些都是促进学生体育行为必不可少的条件。

第六节 初中生“体育行为促进”模式模型及相关因素的影响分析

一、主因素的影响分析

初中生“体育行为促进”模式模型整体描述情况如表 4–6–1 和表 4–6–2 所示：

表 4–6–1 初中“体育行为促进”模型各层面的描述统计

	N	极小值	极大值	均值	标准差
个体层面	1 200	1	5	3.72	0.82
学校层面	1 200	1	5	3.63	0.85
家庭层面	1 200	1	5	3.13	0.91
社区层面	1 200	1	5	3.04	0.79
政策层面	1 200	1	5	3.45	0.83
体育行为促进层面	1 200	1	5	3.55	0.89

表 4–6–2 初中“体育行为促进”模型各层面主因子的描述统计

	N	极小值	极大值	均值	标准差
运动参与	1 200	1	5	3.73	0.93
兴趣态度	1 200	1	5	3.67	1.01
价值取向	1 200	1	5	3.73	0.93
学校环境	1 200	1	5	3.76	0.94
体育课程	1 200	1	5	3.49	1.02
体育教师	1 200	1	5	3.64	1.20
家长支持	1 200	1	5	3.23	1.08
家庭环境	1 200	1	5	3.03	0.98
组织影响	1 200	1	5	2.91	0.90
运动保障	1 200	1	5	3.02	1.02
场地资金	1 200	1	5	3.22	1.07
政策保障	1 200	1	5	3.54	1.02
政策实施	1 200	1	5	3.37	0.91
体验程度	1 200	1	5	3.32	1.24
专业化程度	1 200	1	5	3.62	0.98
需求程度	1 200	1	5	3.64	1.11

从以上两表中我们可以发现，各层面的均值在 3 分左右，其中“社区层面”的均值最低（M=3.04）。社区层面主要是由表 4–6–2 中的组织影响、运动保障、场地资金三个因子组成，其中最低的便是“组织影响”（M=2.91）、“运动保障”（M=3.02）和“场地资金”（M=3.22），在整体中基本也是最小值。探究其原因：

第一，社区的体育场地面积较小且体育器材的数量和种类单一，会影响进行体育运动。

第二，社区的运动环境不够正规，无法进行专门的体育锻炼，更谈不上进行比赛运动。

第三，社区附近可能会有专门的体育培训机构，多数家长会选择专门的培训机构，不会在社区进行体育活动。

第四，学生自由活动时间不够，放学后很少有时间在社区进行体育活动，更多的是写作业或是参加各种辅导培训，以至于社区看不到青少年进行体育活动。

“个体层面”的均值最高（M=3.72），个体层面主要由 3 个主因子组成，分别为“运动参与”（M=3.73）、“兴趣态度”（M=3.67）、“价值取向”（M=3.73），在各层面的主因子中也排在属于前五的位置，反观其他层面均低于个体层面，这也恰恰说明了学生的需求相对都很高，相较其他层面都跟不上学生的需求。

二、自然 / 社会环境对学生体育行为影响因素分析

（一）不同学校间的差异分析

为进一步发现各因素（层面）在体育行为促进方面带给学生的潜在的、客观的影响，以学校为自变量，不同层面的维度为因变量，进行单因素分析。具体如表 4–6–3 所示：

表 4–6–3　不同学校间各层面的差异分析

层面 \ 学校		昆明小街镇一中	莱西第一中学	无锡江南中学	沈阳市第七中学	广西邕宁民族中学	F	P
个体层面	N	220	246	223	246	265	1.11	0.35
	M ± SD	3.63 ± 0.81	3.78 ± 0.81	3.75 ± 0.74	3.70 ± 0.84	3.71 ± 0.87		
学校层面	N	220	246	223	246	265	4.90	0.00
	M ± SD	3.65 ± 0.81	3.54 ± 0.98	3.79 ± 0.79	3.71 ± 0.78	3.50 ± 0.89		

续表

层面＼学校		昆明小街镇一中	莱西第一中学	无锡江南中学	沈阳市第七中学	广西邕宁民族中学	F	P
家庭层面	N	220	246	223	246	265	2.02	0.09
	M ± SD	3.14 ± 0.90	3.19 ± 0.89	3.09 ± 0.99	3.00 ± 0.89	3.20 ± 0.87		
社区层面	N	220	246	223	246	265	2.85	0.02
	M ± SD	3.0 ± 0.79	3.09 ± 0.77	2.88 ± 0.83	3.05 ± 0.80	3.06 ± 0.74		
政策层面	N	220	246	223	246	265	1.42	0.22
	M ± SD	3.48 ± 0.74	3.42 ± 0.88	3.56 ± 0.79	3.42 ± 0.84	3.40 ± 0.86		
体育课 + 比赛层面	N	220	246	223	246	265	0.71	0.59
	M ± SD	3.54 ± 0.87	3.51 ± 0.93	3.61 ± 0.84	3.56 ± 0.87	3.49 ± 0.93		

通过表 4-6-3 可以发现：在“学校层面”（P=0.00）和“社区层面”（P=0.02）存在显著性差异。在“学校层面”，无锡江南中学分值最高，广西邕宁民族中学分值最低；在“社区层面”莱西第一中学最高，无锡江南中学最低。

综上数据我们可以看出，在“学校层面”，无锡江南中学（M=3.79）均值最高，这是一所有着悠久历史的学校，迄今建校 90 余载。该校底蕴丰厚，历史上走出不少知名的教育家和科学家。学校的文体活动开展丰富，社团活动多样，对外交流平台较高，是注重学生德智体全面发展的学校。因此学校的体育氛围也相对浓厚。

但在“社区层面”，无锡江南中学（M=2.88）却是最低的，主要原因是随着该校的发展，目前在当地已有三个分校区，新发展的校区地理位置相对较偏，周边环境相对还不够完善，所以在社区层面的分值较低。在“社区层面”莱西第一中学（M=3.09）均值排名在前，莱西第一中学也有着悠久而光荣的历史，迄今已建校 108 载，是当地学业水平较为突出的学校。目前，该校有两个校区，一座坐落于莱西城东，洙河西岸，校园开阔静雅，四季常青，一座位于北部新区，西邻莱西市行政办公中心，交通十分方便。良好的人文地理优势，以及居住 / 周边环境整体条件较为优越，因此该项分值较高。以此看来，社区环境的好坏也会影响学生对于体育需求的差异。

以上的情况进一步证实，学生的体育行为受环境和客观条件的影响。如果在发现问题的基础上进行有目的的弥补，增加体育设施，增强体育运动宣传，在一定程度上是可以促进学生体育行为的发展的。

（二）不同性别的体育行为差异分析

以性别为自变量，不同层面的维度为因变量进行单因素方差分析。具体如表 4–6–4 所示，我们可以发现，在“社区层面”（P=0.01）和“政策层面”（P=0.02）存在显著性差异，均为女生的均值高于男生。

表 4–6–4　不同性别各层面的差异分析

层面＼性别		男	女	F	P
个体层面	N M ± SD	664 3.71 ± 0.80	536 3.71 ± 0.83	0.00	0.99
学校层面	N M ± SD	664 3.65 ± 0.82	536 3.61 ± 0.88	0.77	0.38
家庭层面	N M ± SD	664 3.15 ± 0.90	536 3.10 ± 0.92	0.96	0.33
社区层面	N M ± SD	664 2.99 ± 0.81	536 3.10 ± 0.76	6.00	0.01
政策层面	N M ± SD	664 3.40 ± 0.82	536 3.52 ± 0.82	5.80	0.02
体育行为层面	N M ± SD	664 3.57 ± 0.89	536 3.52 ± 0.89	0.64	0.42

探究其原因，我们可以看到，通常男生会选择一些竞技性强的运动比赛活动，对于场地等环境的需求条件较高，我们经常可以看到社区运动场上大多是男生在进行一些篮球等运动，所以，在场地资金和保障等方面男生的需求较高，相对应地对现存的环境等设施条件感受性较低。而在政策实施上，女生相对于男生会在阅读一些信息的获取上多于男生，所以导致女生在政策实施上的感受程度高于男生。

我们将对不同性别而产生的体育行为差异划分为如下几点：

1. 家庭因素

家庭是儿童学习角色概念、发展角色规范和模仿性别角色行为的主要场所，家庭也是儿童最早和最主要从事体育活动的场所。因此，家庭因素也是导致女性在体育方面存在弱点和不足的重要因素之一。父母的教育方式是对儿童性别角色的形成有着重要作用的，因为父母的教育方式是其教育观念和教育行为的综合体。父母在教育孩子时，会根据儿童的性别进行教育方式的区分，如性格取向、期望和愿望等多种方式的不同，这必然导致不同性别的儿童在自我认同标准、行为规范和不同的经历体验上都有不同的区分，进而导致不同性别的孩子在体育行为上存在一些差异。

2. 学校体育教育因素

学校是不同性别的学生学习、理解和认同性别角色以及学习性别规范的重要场所，在学习的过程中，学校的教师在他们的意识和行为中不断强化和灌输相关的性别规范。性别信息主要通过教师和教材这两种途径获得，所以体育教师的性别意识和教材中包含的内容可能自觉或不自觉地影响不同性别的学生在体育课上的看法和行为。

在编写体育教材和选择课程内容时，一般会以男性的价值观和经验作为参考点。教材和课程内容主要以田径、球类、体操和武术等运动类型为主。这些运动类别通常具有性别上的偏向。例如，田径、篮球、足球和武术被列为男性运动，因为它们具有对抗性，强调力量、速度、竞争和勇敢的男性气质。此外，学校在这些类型的体育运动中也设置了更多的资源和设施。例如，篮球场最多，其次是乒乓球、羽毛球和排球的场地，虽然足球场和田径场不多，但足球场和田径场在学校的场地建设中占据着最重要的地位。在某种程度上，这强调了男性主导的运动在体育中的重要性和地位；女性占有优势的运动，如健美操、健身舞和瑜伽，被认为是最具有女性气质的运动，因此被人们划分为女性的运动项目。然而，事实是，由于学校条件和资金的限制，这些运动的场馆建设不足，更不用说完全满足女性学生的体育兴趣和需求了。

3. 同龄群体因素

在人们的成长过程中，尤其是在青春期这一敏感的时期，同龄人群体总是对个体行为的发展产生了不可忽视的影响。同龄人的压力和同伴的影响比老师和父母对个体的影响还要大。同龄群体是一个非正式群体，群体中的成员都是年龄、兴趣、爱好、态度、价值观和社会地位很相似的人。同龄群体可以在情感和生活上相互学习、相互依赖，他们通常也具有较为相似的兴趣和爱好，这促进了他们在兴趣上的共同发展。

一方面，从学前班到青春期，按照传统性别角色规范行事的儿童更容易被同伴群体接受。例如，哭泣和软弱的男孩或淘气的女孩有可能会出现被小伙伴排挤的现象。同龄人的一些消极的情绪和行为，会对孩子的发展产生深远的影响，一些孩子如果玩与他们生理性别不相符的游戏，有可能会接收到一些负面的评价。为了获得同龄人的认可，儿童会故意改变自己的做事风格，使自己的所作所为更加符合社会性别的规范。另一方面，男孩可能会受到更多的社会化教育，表现出更多的社会性别的刻板印象，所以男孩的女性化行为比女孩的男性化行为更不被同龄人群体接受。正是由于性别隔离存在的特点，即男性和女性的兴趣以及活动和互动的范围更加趋向于在同一性别中开展，由此男孩和女孩成长过程中的同伴环境和亚文化都是不同的。男孩倾向于更公开和体力上的游戏，喜欢更多的战斗和身体上的接触，而女孩则在成员关系更亲密的小型亚文化团体中成长，喜欢平静的游戏和使用温和的方法解决团体中出现的问题和矛盾，并在游戏和谈话环节中表现出更多的互帮互助行为。

有观点认为，同龄人群体对男性的成长发挥的作用比对女性成长发挥的作用大。这是因为成长中的男孩没有太多时间和机会从经常工作的父亲那里了解男性的行为和态度，而不得不从同龄人群体中获得有关社会男性角色的行为规范。因此，在男性的整个人生过程中，特别是在童年晚期和青春期，男性往往感到更大的压力，急于要展示自己的男性魅力。大多数男孩通过运动技能、体力、勇敢的行为等来证明他们的男性特征。

4. 大众传媒因素

在区分个人性别角色方面，大众传媒也发挥了很大的影响力，并通过电视、互联网、报纸和杂志影响着年轻人。媒体对性别特征、性别角色和规范的性别行为等内容通过大量的视觉表现为青少年提供了性别的社会形象，加强了他们对简单的性别社会化的认可。年轻人在潜意识中将自己的行为举止像媒体中宣传的那样靠拢，无意中造成了年轻人思维和行为的差异，这反过来又在不同程度上影响了他们在体育方面的态度和行为。

在体育信息传达的领域中，女性形象和女性运动员的角色是通过媒体导向自觉和不自觉地构建起来的，这导致受众，尤其是女性受众不自觉地认可了媒体中所传达的观点。研究发现，媒体对女运动员的报道更多集中在她们作为家庭主妇和女儿的家庭角色上，更多的是关注她们的身体外观，包括服装和身材，而男运动员的服装和身体特征则很少被媒体讨论。

（三）不同年级的差异分析

以年级为自变量，不同层面的维度为因变量进行单因素方差分析。详见表4-6-5，我们可以发现，在主层面不存在显著性差异，但从整体均值来看：初二年级的学生分值相对较高。分析其原因：初一年级的学生刚升入初中，学习方式和习惯可能还处于小学阶段，对于体育相关的参与度较少，因此他们的分值相对低一点，但在“学校层面”（M=3.66）和“政策层面”（M=3.51）的分值是最高的，可能因为刚入学对学校的环境和相关的政策规定感受程度相对较强；初二年级的学生，经过一年的初中生活后，思想不再拘束于学习活动，开始对各个方面产生兴趣。体育是他们所接触的重要一部分，因此，初二年级的学生在“学校层面”（M=3.66）上感受得分是最高的；到了初三以后，学生都面临着中考的压力，开始努力地学习文化课知识并且也会占用学生大部分的课余时间，在初三阶段，有的学校还会停止体育课或者减少体育课时，这些都导致了学生对体育的关注度下降，但是在“个体层面”（M=3.75）的需求上却是最高的。

表 4-6-5 不同年级间各层面的差异分析

层面＼年级		初一	初二	初三	F	P
个体层面	N M ± SD	376 3.67 ± 0.84	449 3.72 ± 0.82	375 3.75 ± 0.79	0.97	0.38
学校层面	N M ± SD	376 3.66 ± 0.83	449 3.66 ± 0.80	375 3.58 ± 0.92	1.25	0.29
家庭层面	N M ± SD	376 3.07 ± 0.95	449 3.17 ± 0.90	375 3.14 ± 0.88	1.23	0.29
社区层面	N M ± SD	376 3.03 ± 0.84	449 3.05 ± 0.74	375 3.02 ± 0.79	0.20	0.82
政策层面	N M ± SD	376 3.51 ± 0.78	449 3.41 ± 0.83	375 3.45 ± 0.86	1.58	0.21
体育课与比赛层面	N M ± SD	376 3.50 ± 0.89	449 3.59 ± 0.87	375 3.54 ± 0.91	0.90	0.41

（四）不同生源地差异分析

以生源地为自变量，不同层面的维度为因变量进行单因素方差分析。如表4-6-6所示，“家庭层面”（P=0.02）存在显著性差异。总体来说，来自农村和乡镇的学生要低于来自城市的学生的分值，原因在于城市的孩子从小开始上各种课外辅导，学习的面较广，学习的环境和设施以及家庭经济条件等方面都比较好，所以，分值相对较高。而来自农村的学生，原因可能是农村地势相对较为偏远、缺乏各种正规活动，再加上经济的相对落后，使他们接触的和体育相关的内容也随之较少，视野较窄，因此，来自农村的学生的均值较城市和乡镇的偏低。（可以展开表述）

表 4-6-6　不同生源地间各层面的差异分析

层面＼生源地		农村	乡镇	城市	F	P
个体层面	N M ± SD	331 3.69 ± 0.80	244 3.67 ± 0.84	625 3.75 ± 0.82	0.96	0.38
学校层面	N M ± SD	331 3.68 ± 0.85	244 3.60 ± 0.87	625 3.62 ± 0.84	0.79	0.46
家庭层面	N M ± SD	331 3.04 ± 0.933	244 3.08 ± 0.92	625 3.12 ± 0.89	3.60	0.02
社区层面	N M ± SD	331 3.07 ± 0.79	244 3.00 ± 0.84	625 3.03 ± 0.76	0.72	0.49
政策层面	N M ± SD	331 3.41 ± 0.86	244 3.46 ± 0.78	625 3.47 ± 0.82	0.74	0.48
体育课与比赛层面	N M ± SD	331 3.54 ± 0.89	244 3.55 ± 0.87	625 3.55 ± 0.91	0.00	0.99

以上的群体分析是对中学生体育行为的养成、促进与发展的研究，尽管具有一定的局限性，但也能够说明学生的体育行为应是多角度，全方位共同协同的成果。除社会生态学构建下的影响因素，国家的政策、制度同样是落实中学生体育行为的保证。在研究的过程中，我们发现的种种问题如果能在监督、执行和法律的层面施加一定的因素，学生的体育行为会有更切实的落实。

第五章　中学生体育行为的发展与落实

本章为中学生体育行为的发展与落实，重点阐述了两个方面的内容，分别为中学生体育健康发展政策落实的保证以及中学生体育行为促进与发展的实施路径。

第一节　中学生体育健康发展政策落实的保证

一、中学生中考体育改革的推进

初中学业水平考试（Middle school entrance examination）简称“中考”，是检测初中在校生是否达到初中学业水平和建立在九年义务教育基础上的高中选拔性考试。中考旨在考察中学生在教育设置范围内各个学科的基础知识、基本技能以及基本方法的综合能力，是衡量中学生初中阶段学习能力的重要机制。因此，考试科目是将国家课程方案所规定的学科全部列入初中学业水平考试的范围，体育也列入其中，其考试成绩按比例纳入中考总分数。中考中的体育考试是国家培养学生德、智、体、美、劳全面发展不可或缺的重要内容，是执行教育方针的具体体现，其意义也是增强我国青少年体质健康，培养学生终身体育意识，为我国早日实现体育强国打下坚实基础。

但自 1985 年起，由教育部、国家体育总局、卫生部等有关部门共同组织的每 5～6 年一次的全国学生体质与健康调研发现，我国中学生的体质与健康连续 20 年持续下降，肥胖率日趋增长，学生近视居高不下，由体质和健康导致的突发事件不断发生。作为社会主义建设的接班人，青少年体质健康问题已然成为国家、党和政府关心的问题。近几年，从中央到教育部先后颁布了系列相关政策，只为改善这一局面。局势虽有所好转，但问题依然严峻。2021 年 9 月，在第六次全国学生体质健康调查中，学生的身体素质、体质状况仍不乐观，国家出台干预政策就成为改善这一窘境的重要举措，改变中考体育方案成为这一举措的众望所归。

2021 年有关全国体育中考改革的讨论可以用火热升温来形容，部分省市地区计划出台的体育中考改革也提出了具体的方案和时间表。一时间，家长和学生压力陡增，并引发全社会的共同关注，体育中考改革被推向风口浪尖。体育中考“热”是由于社会各群体从各自的角度发出的不同声音，致使体育中考改革不能有效落地。但从国家发展和人才培养的角度，增强学生体质，提高全民族素质，在我国现行的教育体制和制度下，只有发挥体育中考“指挥棒”的作用，才能引起社会、学校、家长对学生良好体育行为培养的重视，才能扭转学生体质健康下滑的问题，因此，体育中考改革势在必行。

（一）体育中考改革是提高青少年身心健康的迫切需要

肥胖、抑郁、体能不足、注意力不集中、意志品质不坚定、交流障碍，这些都是现阶段我国青少年成长过程中暴露出的身心健康问题，它严重地干扰了孩子们的健康成长和家庭稳定，同时也为孩子们成年后步入社会带来隐患。大量的研究已表明：在青少年阶段进行体育锻炼能有效改善这些问题。但目前学生体育锻炼情况和学校体育开展并不乐观，扭转这种状况急需从政策角度进行干预。改变考试形式和成绩比重设置，利用“规则变化”迫使学校体育和学生体育锻炼发生改变，这是本书研究价值之一。

（二）体育中考改革是建立健全中考体育制度的需要

1979 年，上海崇明中学举行中华人民共和国教育史上首次“体育加试”，距今 40 余年。回顾中考体育从探索试验到大面积推广再到取得社会认同，它始终与中国教育改革同步，是中国基础教育改革的重要内容和成果。但在今天，体育中考似乎丧失了为国家物质文明和精神文明建设的服务功能。一方面，它没有发挥其导向功能，使学生的身体能力得以提高；另一方面，也没有为国家选拔出所需的体育人才。体育中考所存在的问题也恰恰说明我们国家在考试制度建设、考试监管和法律法规执行方面出现的问题，因此，建立健全中考体育改革制度也是为推进社会服务，并体现依法治国的价值。

二、中学生体育中考的发展历程

（一）恢复高考，逐步推行中考阶段（1979—1995）

1979 年 9 月，上海崇明中学试行在升学考试中加试体育的做法，是我国中考体育考试的最早萌芽：恢复初、高中升学考试制度，对中学毕业生择优录用。由此，“中考”拉开序幕，国家升学考试体系开始形成。1983 年，《国家体委关于进一步加强学校体育工作的意见》表明：协同教育部制定“体育标准”，不及格者不能毕业、不能升学。在标准制定出前，继续保持升中学、升大学体育加试的实验。1990年2月20日国务院批准国家教育委员会令第8号、国家体育运动委员会令第11号颁布的《学校体育工作条例》9条明确提出“体育课是学生毕业、升学考试科目”体育中考正式纳入中考成绩，体育中考逐渐进入大家的视野。

（二）不断探索，不断改革阶段（1996—2004）

1997年，原国家教委印发了《初中毕业生升学体育考试工作实施方案》的通知，决定从1998年开始在全国逐步实行体育中考。在2001年，《关于认真做好2002年初中学生毕业升学体育考试工作的通知》中指出：体育考试是全面贯彻党的教育方针、加强学校体育工作、实施素质教育的有效措施，也是培养21世纪我国社会主义建设合格人才的客观要求。

（三）不断发展，不断完善阶段（2005至今）

在《教育部、国家体育总局关于进一步加强学校体育工作，切实提高学生健康素质的意见》中指出：认真组织实施初中毕业升学体育考试工作，体育考试成绩要按一定比例计入中考成绩总分。2008年，《教育部关于深入推进和进一步完善中考改革的意见》指出：“中考改革工作已经基本完成实验阶段的任务，进入全面推广阶段，2008年全国所有初中毕业生都应按新课程要求参加中考。”2014年教育部印发的《义务教育学校管理标准（试行）》也对青少年的身体健康和综合素质评价提出了明确要求。今后，我们将继续坚持以促进学生的全面发展为导向，积极推进考核制度改革，全面实施初中毕业升学体育考试制度。启动在高中学业水平考试中增加体育学业水平考试的试点工作，并逐步扩大试点，全面推行高考综合评价体系建设。2020年10月，中共中央办公厅、国务院办公厅印发了《关于全面加强和改进新时代学校体育工作的意见》和《关于全面加强和改进新时代学校美育工作的意见》，就全面贯彻党的教育方针，加强和改进新时代学校体育、美育工作进行了系统设计和全面部署。文件进一步明确了体育中考的方向，而且要进一步扩大它的分值和影响力，同时开展高考录取中体育素养如何评价、如何计分的研究。美育中考要在试点基础上尽快推广。

三、体育法对中学生体育健康发展的保障

2022年6月24日，《中华人民共和国体育法》（以下简称《体育法》）由十三

届全国人大常委会第三十五次会议修订通过，于2023年1月1日起施行。《体育法》的修订，是落实全面依法治国基本方略的重要举措，是解决体育领域不平衡、不充分问题的重要途径，是提升体育治理体系和治理能力现代化水平的重要保障。

一直以来，国家各项体育政策的颁布和有关体育开展的各项文件的出台都没有从根本上解决学生体育行为的改变和学生体质健康的改变，这些说明了在执行过程中的监管不力，以及学校等职能部门没有从法律的层面给予保证。近几年，众多学者们开始对体育法进行了研究，其目的应该是要从立法的角度去保证学生体育发展的进行。那么体育法中哪些关于青少年体育的问题得到了一定的修改？又应当如何落实呢？《体育法》为推进学生体育锻炼，保证体育运动时间，确保学校体育教学内容的落实提供了保证。

新修订的《体育法》由原来的8章54条增至12章122条。其中体现了对体育教育的高度重视。

我们都知道，少年强则国强，在新修订的《体育法》中，立法者对原本第三章“学校体育”章名进行修改，将其更替为“青少年和学校体育”，提出“国家实行青少年和学校体育活动促进计划，健全青少年和学校体育工作制度”，将青少年和学校体育摆在优先发展的战略地位。

对于学校体育来说，体育课属于“主渠道”。新修订的《体育法》明确要求，学校必须对体育课“开齐开足”，确保在校期间，学生每天参加至少1 h的体育锻炼。同时，新修订的《体育法》也针对青少年体质下降问题提出明确要求，体育行政部门应当在管理体育场地设施、举办体育赛事活动、组织体育训练、传授体育知识技能等方面向学校提供帮助与指导，引导并组织青少年对体育活动进行参与，对青少年健康问题（如肥胖、近视等）进行控制与预防。同时，新修订的《体育法》还对体育行政部门提出要求，让其与教育行政部门相配合，推进高水平运动队和学校运动队建设，从而实现厚植竞技体育后备人才基础的目的。

除此之外，新修订的《体育法》也明确要求，要在初中、高中学业水平考试范围内纳入体育科目，将与学科特点相符的考核机制建立起来；学校要对符合相关条件的优秀退役运动员进行优先聘用，使其从事学校体育教学与训练活动。

当然，我们要注意的是，不应为了贯彻落实立法和相应政策的新要求，就错误地将校园体育、青少年体育变为“政绩工程”。之所以该章节被“大修大改”，主要目的在于让法律与政策惠及每一名孩童，保障整个青少年群体的身心健康，而非为了对体育尖子进行培养。因此，在对立法和相应政策进行落实的过程中，学校不能盲目注重高水平运动队建设以及专业训练，从而对体育资源进行过度占用，甚至形成“准体校”模式，不应让学生简单地完成“一小时体育锻炼”等硬性指标就算达成目标，可以“万事大吉”。

近年来，在升学考试中，体育学科的权重日益增加，对此，有学者提出，要让考核方式变得更合理、更公平，继而对教学进行引导，体育中考不应为了升学率而变为“走过场”，更不可成为另一种应试教育。学校既要贯彻落实新修订的《体育法》，更要将其执行到位、执行好，避免“跑偏”问题的出现。唯有青少年能够健康成长，新修订《体育法》的立法目的才算真正达成。

第二节　中学生体育行为促进与发展的实施路径

一、政府导向与投入，塑造体育文化名片

（一）以体育赛事彰显城市品质

文化具有潜在影响人们行为走向的功能，文化的蓬勃发展展示出一个城市的人文情怀。如国际马拉松赛事，国际足球邀请赛，符合城市自然环境的体育文化活动，打造具有城市标志的体育赛事（如网球的最高水平就会使人们联想到温网、法网和澳网），这些都能够提升人们的体育意识，激发人们参与体育的热情，使人们投入到体育锻炼中。在这样的体育文化分氛围的影响下，自然也会对青少年体育学习、体育锻炼产生影响，如此，将会有更多的体育行动发生。

（二）建设运动健康幸福的全民健身活力之城

人均体育活动场地的增加，包括青少年运动场地的投入使用。随着国民生活水平的提高，人们对健康体质的重视，同时，随着我国老龄化人口的加剧，包括社区、公园在内的一些为特定人群开设的固定体育活动场地和器材已在逐年增加，为满足人们生活幸福感的“健康小路 / 口袋公园”在城市的角落随处可见，但能提供给青少年使用的具有一定专业水准的场地和器材却鲜为见到。专为热爱篮球运动的青少年使用的场地、篮筐，为数不多；标准的羽毛球场地；塑胶活动场地；可做悬垂和引体向上的单杠器材更是少之又少，这也许是被人们忽视的问题。但要想促进学生的体育行为，激发学生参与体育锻炼和竞赛的热情，社区、公共场地为青少年提供必要的体育器材不能忽视。

社会指导员的培育与发展。优先聘用有优秀运动成绩和运动经历的运动员进行指导。很长一段时间以来，优秀退役运动员从业过程的风险问题已经成为影响竞技体育持续发展的“瓶颈”，引起了社会的广泛关注。同时，广大群众体育爱好者在没有科学指导的情况下，体育活动“五花八门，自成一派”也引发人们对科学健身的广泛讨论与质疑。运动员是竞技体育的主要活动主体，是发展体育事业的一支重要力量。当前，我国已经进入建设体育强国的新的发展阶段，通过深

化改革，多种形式的体育人才培养模式已经出现，社会对专业人员指导的所需和退役运动员从业的分流已经形成了一定的供求关系。如何更好地匹配供求关系，形成闭环对接，特别是为青少年提供更专业的指导，将是体育发展的关键。这些需要政府的宏观设计与资本投入。

社区、公益活动的开展。近年来，以社区为单位的管理模式已经形成，并展现出巨大的组织与协调能力。因此，以社区为单位的体育活动的开展，如体育健康讲座、名人访谈、体育板报的宣传、大型体育活动的新闻报道，以及有范围地组织体育活动都是促进人们体育行为，带动体育活动的好方法。对于身心发展处于重要阶段的青少年来说，体育行为的促进更是减少意外发生，促进心理疾病治愈的有效手段，因此，社区的公益体育活动开展必不可少。

二、发展体育产业，科学引导大众体育消费

（一）成年群体的体育消费，促进青少年体育意识的形成

由人民出版社出版的《2017 中国居民消费发展报告》（以下简称《报告》）第五章重点介绍了我国体育消费的发展情况。《报告》披露，2017 年我国社会消费品零售总额为 36.6 万亿元，占国内生产总值的比重为 53.6%；2016 年我国体育产业总规模（总产出）为 19 011.3 亿元，增加值为 6474.8 亿元，占同期国内生产总值的比重为 0.9%。从名义增长看，总产出比 2015 年增长了 11.1%，增加值增长了 17.8%。这意味着消费已经成为拉动我国经济增长的主要动力，同时我国居民的消费升级步伐明显加快。《报告》还披露，根据体育消费的内部结构来看，排名前三的分别是：体育用品和相关产品制造、体育服务业（除体育用品和相关产品制造、体育场地设施建设外的九大类）、体育健身休闲活动。就目前发展势头来看体育产业的发展，会拉动国民消费的潜力，扎实推进体育产业持续健康发展，可以打造国民经济支柱产业[①]。

以上的几组数据可以理解为对成年群体体育行为培育是十分必要的，一方面，随着收入的提高成年人的体育消费不但可以促进体育产业的发展，同时还可以增

① 钟岚.《2017 中国体育消费发展报告》，一封干货满满的表彰信. http://www.sohu.com/a/232535367_138481/2018-05-22 22:16

进身心健康；另一方面，成年人的体育观念的形成对青少年体育学习与锻炼都有十分好的促进作用。

在调查中发现，青少年体育意识的形成，体育锻炼的养成，与家庭教育有着直接的正向关系。

（二）通过受众的依存心理，转变“体育”供给观念

历史的进程发展至今天，没有哪一刻如现在这般，人们所了解的信息如此之快，如此之广，如此地具有传播效应，这就是互联网时代的特点。今天，多数的赛事就是依托互联网运营及电视转播，使这个产业的运作达到了一个高点。以电子竞技游戏产业为例，近几年火爆中国，2017 年 11 月 4 日，4 万人购买了价格为 280～1280 元的门票，在鸟巢一起观看一个电竞游戏《英雄联盟》的全球总决赛。从 9 月 23 日开始直播，到 11 月 4 日结束，总直播时长为 132 h，观看直播的中国人高达 9634 万人，占总观看比赛人数的 98.4%。这个场面震撼了全球竞技体育界，竞技游戏竟然在中国已经发展成如此繁荣的大产业。除了《英雄联盟》总决赛，还有多个电竞赛事在中国都有不菲的表现。这就是人们对网络的依存心理，体育产业发展的根本需要是提升服务，满足人们的心理需求，这样产业的发展才具有可持续性。而这部分的群体人员多为青少年，我们应该懂得利用现代化信息促进青少年体育学习的形成。

三、学校体育执行的监管

（一）体育教学计划执行的监管

1990 年到 2018 年我国适龄儿童入学率和小学升学率，基本可以反映我国在 30 年间九年义务教育完成率。其中适龄儿童入学率基本稳定在 97%～99%，到 2006 年以后维持在 100%。小学升中学率变化较大，从 1990 年的 74.6% 到 2000 年上升为 97.4%，到 2006 年以后基本能够维持在 100%。这充分说明在这一阶段党和国家开始认识到人才培养在教育工作中的重大意义和无限潜力。1992 年党的十四大提出了在 20 世纪末在全国范围内基本实现九年义务教育和基本扫除青年文盲，即“两基”目标。1995 年 5 月 6 日国务院颁布《中共中央 国务院关于加速科学技术进步的决定》，首次提出在全国实施“科教兴国”战略。1995 年到

2000年全国共新建中小学3842所，改、扩建中小学项目28 478所，使得校舍危房比率由10%左右下降到3%以下。其他教学资源也得到了极大的改善，教师教学水平有了显著提高，教师学历合格率达到了94%，初中教师学历合格率达到了87.7%；教学设施和设备有所完善，“义教工程”为人口素质的提升，社会经济的快速发展打下了坚实的基础。

综上所述，说明学校教育对青少年成长的影响，因此，学校体育教学内容的执行必须进行常规性的监督。

（二）教师职业素养的监管

1. 体育教师的业务能力与责任心

教师的职业特点具有“示范”作用，学生也具有“向师性”心理特征，这是由教与学的特点所决定的，因此，教师的业务能力、行为规范、语言表达、对体育的热爱以及对工作的全情投入都直接影响着学生对事物的理解与判断。习近平总书记在近几年教师节的重要讲话中反复提到教师的责任心，教师的个人素养，认为教师的行为与思想对国家教学事业、社会发展的稳定，以及对国家人才培养都发挥着重要的作用。

体育是教育的重要组成部分，一个学校好的体育发展会促使形成好的信念，会有灵魂，会发生共振。那么，体育教师的责任和业务水平就显得尤为重要。郎平曾经说过，“人的众多能力都很重要，但缺少业务能力，其他都无从谈起。”因此，青少年学校体育的开展需要教师的业务能力和业务水平做支撑，同时要有对青少年体育发展的热爱。教师不但是一份职业，更应该是管理者和设计师。欧洲体育联盟就要求他们的教师从整体去经营体育教学与训练，教师应以图5-3-1的理念进行教学，并以此来检验、修正教学过程中的不足。

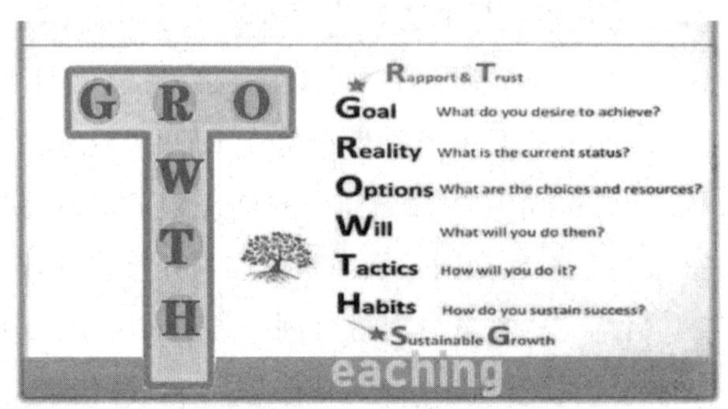

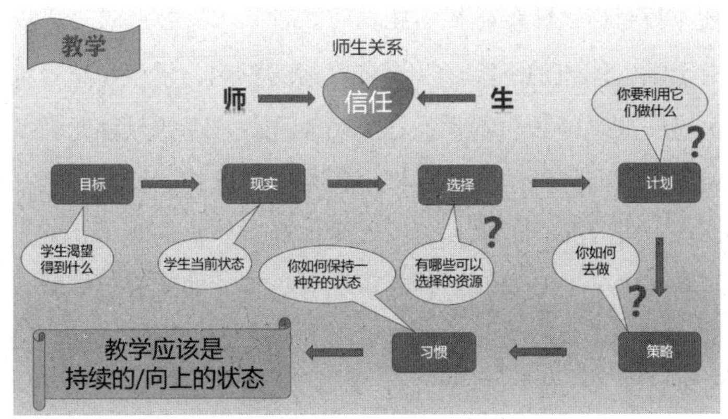

图 5–3–1　教学理念图

尽管我国的教育体制和管理方式与西方发达国家有所不同，但人才培养的终极目标是相通的。借鉴国外教学理念和设计，规范和强化我国体育教师队伍水平，提升教师的核心素养，将是我国体育事业走向强盛的根基。

高质量的体育教师素养应包括以下几个方面，如图 5–3–2。

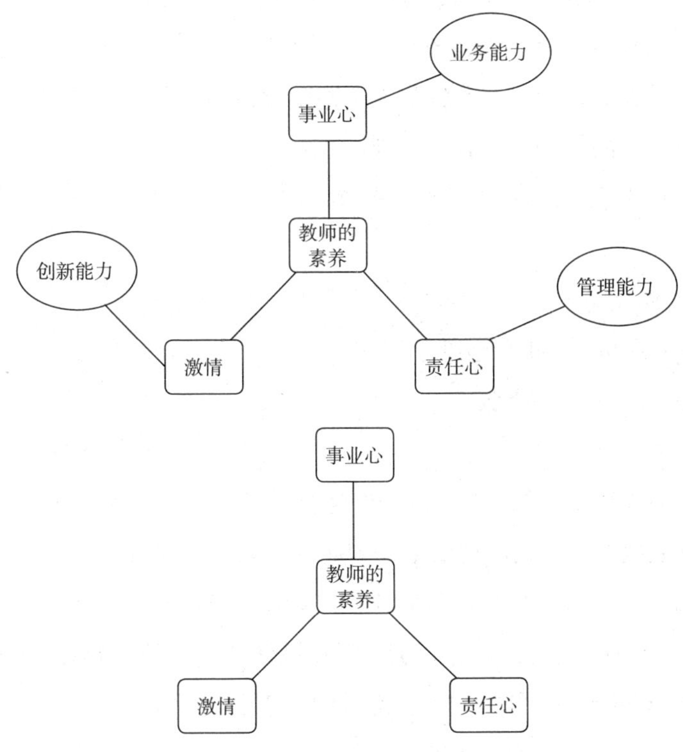

图 5–3–2　高质量的体育教师素养

2. 体育教师相关知识储备的必要性

近几年由于学生体质的下降以及诸多因素的影响，学生在体育训练中伤亡事件和身体损伤事件被媒体频频曝光，这也是体育教师在学校体育教学中不敢过多训练，担心安全问题而致使学生体育得不到很好锻炼的主要原因之一。在体育教学中，身体损伤不可避免，如果只为了安全而躲避体育的练习，就是体育教师的个人素养的问题。多一些必要知识的储备和训练技能的掌握可能就会避免更加严重的事情发生。

其实，当我们成为体育教师的时候，意味着我们已经间接同意为学生的健康负责任了。在训练场上，当意外情况发生时，教师可能是看见受伤的第一人，因此，我们必须很快意识到并且要做出正确的处理。那么，以下的知识你应该了解和掌握：

健康学生的损伤：急性的损伤；

以前确诊疾病的加重：哮喘，癫痫，糖尿病；

以前未意识到的疾病出现。

（1）治疗急性损伤——PRICE 原则

无论涉及肌肉、韧带、肌腱还是骨骼，在损伤后都会有出血，而在肌肉损伤 30 s 后就会形成血肿，所以，急性损伤紧急治疗的目的是尽可能限制出血并减轻疼痛，此时最重要的就是“PRICE 原则”。

P（Protection）：保护；

R（Rest）：休息；

I（Ice）：冰疗；

C（Compression）：加压包扎；

E（Elevation）：抬高患肢。

①冷敷

冷敷的主要作用是镇痛。在冰冻的麻醉效果发挥之前患者会有不舒服的感觉，但是之后冷冻确实有很好的麻醉效果。当使用常规冰袋的前 10 min 内皮肤表面下 2 cm 处的血流减少 5%，但冰敷半小时后，血流量降至 50%。冷敷时间应依据损伤区域的大小和损伤组织的深度而定，但在损伤初期习惯上每 2～4 小时进行一次，每次 20～30 min。损伤 24 h 后，冷敷的频率可逐渐降低。

损伤后期，冷敷也可作为治疗手段使用。

②压迫止血

在限制血肿的发展时，使用弹力绷带压迫止血是理想的一种措施，在数分钟内能有效减少血流约 95%。在压迫部位加上一个垫子后再加压包扎能够加大损伤部位的局部压力。

③抬高患肢

适用于肢体远端的损伤。由于血流的有效自动调节，受伤部位只有抬高到心脏水平 30 cm 以上，才能减少血流。在抬高 50 cm 时，血流下降到 80%。抬高患肢和加压包扎结合起来能够更加有效地降低血流量。

（2）初步判断损伤严重程度——ABC 原则

在损伤发生后尽快到达损伤运动员的身边，必须对病人做出快速的基本检查，初步判断损伤严重程度，包括使用 ABC 的评定。

A（Airway）：气道；

B（breathing）：呼吸；

C（circulation）：循环。

除此之外，学生心理水平的发展，情绪的处理与控制，人际交往的能力都应该作为教师相关知识的学习范围。

四、体育中考改革价值的理论研究

中学生体育行为促进与发展最关键的路径在于“体育中考改革”，其如方向标、指南针，起到强大指引与助推作用。

（一）中考体育改革的价值依归于“以评促教，以体育人”

从本质来看，中考体育改革其实就是改革教育评价制度，是关乎“为谁培养人、怎样培养人、培养什么人”的根本问题，关乎青少年的成长，关乎国之大计、党之大计。在教育现代化评价改革进程中，中考体育改革是非常重要的环节，其价值依归于“以评促教，以体育人”，同时，这也是中考体育改革的出发点、动力源、导向图和落脚点。

首先，“以评促教”是全面落实《深化新时代教育评价改革总体方案》内在需求。中考体育改革主要目的是有机结合问题导向与立德树人，在对中考体育改革发展进程的推动中，切实实现教育评价所具有的“指挥棒”功效，通过硬指标、科学化的评级方式，实现教学质量与实效的提升。

其次，对“以体育人”的学校体育思想进行坚持，是“欲文明其精神，先自野蛮其体魄”精神内涵的重要体现，旨在通过体育促进学生身心全面发展。

从本质来看，“以评促教”的目的是发挥“以体育人”的根本需要，是“为国育才、为党育人、立德树人”，落实德智体美劳全面发展的必然要求。对于“以评促教”而言，“以体育人”是其核心理念。当前，将中考体育改革这一龙头真正“舞好”，既能够让校长、家长、学生对体育充分重视，从而实现学生体质健康水平的提升，又能为竞技人才的培养、学校体育的发展做大、做优。

（二）中考体育改革的价值取向

1. 教育价值：五育并举，协同育人

对于“五育”融合而言，“五育”并举是其前提，它们之间是目标与策略、理想与实践的关系。“五育”并举强调德、智、体、美同时发展，认为它们都是不可或缺的，是对教育整体性的倡导；“五育”融合则更为注重实践方式。“并举”中的“并”字，更多地带有副词或名词特性，而“融合”的“融”字，则有着鲜明的动词特色，因而更注重实践与行动。“五育”融合对实践形式进行彰显，也就是“融合实践”，这一育人实践非常重要，且极具特色。

想要实现人的全面发展并对之长久推进，并将“健康第一”的指导思想树立起来，我们就要对各教育阶段，特别是义务教育阶段后的中考体育制度的发展与革新予以重视。立足教育现代化的今时今日，人们将健康置于前所未有的高度。在“健康第一”的思想指导下，体育改革应当将实现“锤炼意志、健全人格、增强体质、享受乐趣”的目标作为重中之重。当前，体育中考由“体育加试”转变向“体育考试”，伴随而来的是初中体育课程的课时安排比例变化。在这一阶段，我们将课程建设作为着力点，立足体育中考改革，从考试入手，客观地对一系列体育考试制度进行制订，这对学生身心健康的提升、社会适应能力的促进以及全面育人教育理念的贯彻落实有着重要作用。

通过中考体育改革，我们能够看到教育领域愈发关注学生的体质健康，也能看到教育愈发对体育予以重视。所以，为了将体育在教育中的价值凸显出来，我们就要变革考试制度。中考是学生求学生涯中第一次重要的升学考试，从中考开始革新制度、评测试点，对制度改革来说是非常直接与有效的手段。我们要以各省市多年积累的中考体育改革经验、教训为基础，不断优化中考体育制度，提升教育中体育所处的地位。

尽管在体育中考改革过程中，我们会面临很多挑战，然而，无论如何这都是体育获得教育真正关注的一次大胆尝试。站在新时代，教育的根本任务重新回到“立德树人”之上，党中央、国务院以及相关部门始终将素质教育的实现作为关注焦点。而在学科领域中，如何真正实现培养全面发展的人这一教育目标，如何从根本上体现体育的育人功能与价值，这些都是非常重要的问题。长期以来，无论是大学生、中学生还是小学生，都需要进一步提升自身体质健康水平，而毫无疑问的是，体育中考改革将切实推进体育育人作为目标，立足学生身体素质提升这一核心，彰显出不可替代的教育价值，既在“五育”中实现了体育地位的提升，也将一个大有可为、大可施为的平台提供给了“五育”并举的有效实施。

2. 社会价值：三方认同，义利并举

只要能满足社会主体存在、发展的需要，且拥有社会意义或者能产生社会意义的对象、事物，其都具有社会价值。

新时代对“人人皆可成才、人人尽展其才”予以大力提倡，21 世纪培养的体育人才与 20 世纪有所不同，其并未单纯培养竞技体育专业运动员，而是培养全面发展的、兼具知识储备能力和体育核心素养的人才。后疫情时代，体育观念从“体教结合”向“体教融合”转变，有机融合学校体育与竞技体育，不再对二者进行割裂。这也反映出，现如今，社会已经不再追求“唯分数论”，不再一味追求高分人才，转而追求那些有着坚强意志、实践能力、社会责任的合格人才。体育中考的改革让体育受到了更多重视，尽管并没有解决“摆脱应试考试”的问题，但是却在解决问题方面踏出了非常关键的一步。

在中考考试科目内直接纳入体育学科，不断增加其所占分值，体现出体育在教育中所处的重要地位。将综合素质评价作为体育中考评价的重要参考，体现出对教育质量的认识已由单纯的结果性评价转为教育教学过程中的评价。不仅促进了初中体育课堂从“散养”的传统教学模式逐渐向“合作”的新兴教学模式转变，也使得学校、家庭和社会的体育观由体质生物体育观向健康第一人文体育观转变。

五、体育中考改革的路径探索

（一）夯实理论支撑，走稳正确道路

1. 马克思主义实践观是中考体育改革的认识论起点

实践是检验真理的唯一标准，是理想和现实统一的唯一路径。在处理教育、体育理想的“应然”与教育、体育现实的“实然”关系时，要注意对立与统一的关系。应注意解决好“培养德智体美劳全面发展的要求和教育现实之间的矛盾”，认识并处理好这对矛盾是中考体育改革的起始点。教育理想和现实的矛盾统一于教育实践，体育理想和现实统一于体育实践。

中考体育改革一直在实践中发展、检验、修正理想信念，只有实践与实干才能解决现实问题并调和需求。马克思主义实践观的科学理论不怕实践的检验。坚持实践是检验真理的唯一标准，捍卫中考体育改革的科学化理论，保证其在认识论层面的科学与统一。

2. 实事求是是中考体育改革的方法论基础

当前，全国各省自治区、农村和城市的经济、社会、教育的发展依然存在不均衡、不充分等问题。作为教育中的重要一环，中考体育改革涉及面广、影响力大，关涉家庭福祉、社会稳定和民族复兴，因此在实践中必须坚持实事求是。学校体育目前面临的问题相对较多，情况较为复杂，各省市自治区在实践中应结合省情、教情、体情，坚持目标导向，协同推进，突出重点与系统科学相结合，坚持实事求是的方法论基础，以发掘适应本省中考体育的特色道路。

（二）明确教学导向，注重过程性评价

1. 科学设置体育中考项目

根据各省市体育中考考核标准，结合当地特色及传统体育来设置中考项目，中长跑为必考项目，三大球（足球、篮球、排球）中必选 1 项，可以适当考虑将游泳等项目作为中考考试项目。游泳不仅能够锻炼全身，更是一种重要的自救技能。在青少年时期，增加此类运动项目对学生身心的发展大有裨益。增加不同类别项目，能使学生更具有选择性，在不阻碍学生多样发展的同时还利于丰富考核形式。

2. 开齐开足上好体育课

《关于深化体教融合促进青少年健康发展的意见》指出，体育课面向全体学生，在不影响文化课的正常教学计划时，学校方面要将“健康第一”作为教育理念，做到开齐开足体育课，适当增加体育课课时，从而提高学生对体育的兴趣。学校应积极开展课余训练和竞赛活动，在校内竞赛的基础上组建校运动队，鼓励学生参加地区乃至全国的比赛，做到以赛促练。增加课时以及随堂抽考必然会给体育教师增加负担，因此，学校可引进高水平的体育教师或提高体育教师工资以解决当前问题。为丰富学生的课余生活和体育锻炼，学校可以成立青少年体育俱乐部，将体育教师在课外辅导和组织竞赛活动中的课时和工作量加入薪酬等补贴政策。

3. 注重过程性评价与结果性评价相融合

这次改革避免了“一锤定音”的问题，对过程性评价更为注重。因此，学校要制订合理的模拟考核方案和教学模式，适当增加随堂考试。与此同时，体育中考也不应出现形式化问题，要在课堂中“隐藏”，依靠没有痕迹的方式评定学生的成绩。

立足实际操作角度，我们应当将更大的自主决定权交给一线体育教师，唯有如此，才能对“考什么、练什么”的问题进行更好的规避，防止体育课变为体能训练课。每一名体育教师都应树立自己的体育课程观，要将更大的空间交给他们，鼓励他们勇于探索、大胆创新。要在考试方式上突出个体差异以及过程性评价，体质健康测试要对个人纵向对比进行注重，对多种形式的竞赛加分进行设置，将纯粹的体质健康测试融合于结果性评价以及过程性评价，将其作为主要评价方式，并设置多种形式的竞赛加分，把纯粹的体质健康测试和过程性以及结果性评价相融合作为主要评价方式。过程性考察中可采取学生之间相互监督、视频留底等方式来保留原始材料，以最大限度地保证体育中考加试的公平性与客观性。

第六章　体操教学内容对学生体育锻炼的指导

本章为体操教学内容对学生体育锻炼的指导，包括身体素质训练概念、一般身体素质训练与专项训练方法以及基本姿态练习。通过本章内容的学习，了解体操项目身体素质练习的内容和特点；认知体操项目的身体素质练习对身体机能和技术发展的作用；掌握一定的体操身体训练的方法和手段，在具体内容的指导下熟练运用其方法，提高身体素质。本章节的拓展内容包括具有针对性的训练形式和手段，能够为青少年的身体锻炼提供有效的帮助，并为青少年从事喜爱的其他项目的身体能力发展提供相应的参考。

第一节　身体素质训练概念

一、身体素质的概念

身体素质是人类身体各个器官系统在体育活动过程中所展现的各项能力，包括速度、力量、耐力、灵敏、柔韧等身体素质，这些都是人体能力的体现。身体素质是衡量人体健康的一种重要指标。身体素质训练可有效改善学生的内脏器官，尤其是心血管、呼吸系统的机能；增强骨骼、肌肉、肌腱、韧带等运动器官的功能，显著改善和提高中枢神经系统机能。

身体素质训练可以促进学生的身心健康发展，增强体质、克服惰性，促进机体新陈代谢来让学生的身体状态得以改善，并提高各器官系统的机能。除此之外，身体素质训练对发展运动素质、培养良好的意志品质、延长运动寿命、提高竞技水平等都有着十分重要的意义。还可以增强人体对外界环境的适应性和抗病能力，从而保证人们的工作、学习、生活的正常进行。

二、身体素质的分类

身体素质可以分为两类，一类是一般身体素质，另一类是专项身体素质。

一般身体素质训练是一种全面发展身体各项素质，为专项身体素质训练打下坚实基础的训练方式。一般身体素质训练的特征是：训练内容的全面性和方法的多样性。专项身体素质训练是指为满足体育教学、训练、比赛的需要，培养学生的各项身体素质和基本能力而进行的针对性身体素质训练。

专项身体素质训练的特点是通常采取与专项技术密切相关的训练方法，且训练内容和手段都具有较强的专项针对性。

一般身体素质是专项身体素质的基础，只有全面发展一般身体素质，才能为专项身体技术打下坚实的基础。尽管一般身体素质和专项身体素质的目的、任务和手段各不相同，但它们在训练中相辅相成，缺一不可。

三、身体素质训练的意义

身体素质训练是体育训练中不可或缺的重要环节，运动员的身体素质水平与技术、心理和智能训练相互促进、相互制约，从而对运动员的整体水平产生影响。随着竞技体操事业的快速发展，新技术新动作遍地开花，竞争日益加剧，对运动员的身体素质要求也越来越高。事实证明，离开高度发展的力量、速度、耐力和柔韧等素质，很难取得优异的运动成绩。

身体素质训练的意义可概括为以下几点：

第一，有利于运动员适应现代竞技体操大负荷的训练和比赛。

第二，有利于运动员理解和掌握复杂、高难度的体操技术和动作。

第三，有利于运动员以稳定良好的心理状态参加训练和比赛，在比赛中有效发挥其技战术水平。

第二节　一般身体素质训练与专项训练方法

身体素质练习的内容主要包括六大内容，它们在体操训练中或多或少地影响着技术的发展，在项目中对技术发展有重要影响的素质有力量、速度、耐力柔韧、协调和灵敏。

一、力量素质训练

力量素质是指肌肉在发力时，能够克服或对抗阻力的能力。根据项目技术发展的特征，体操运动员主要的力量训练集中在上肢、肩带、躯干腹肌、背肌、侧腰肌，以及下肢快速力量等部位。体操项目中力量主要体现为肌肉协同发力，因此，身体各部位的力量都应协调发展。

（一）主要内容与功能

1. 上肢力量

（1）悬垂类

悬垂是体操项目技术发展最基本的素质保证，同时也是人体运动所需的基本运动能力。悬垂能够使上肢力量、身体协调的运动能力得到很好的发展，尤其为单杠、双杠、高低杠项目的技术发展提供了必要的手段。

①引体向上

A. 目的：重点发展前臂和上臂的屈伸肌群、胸大肌、背阔肌力量，对握力也提供了很好的发展。

B. 方法：正握略宽于肩，屈臂向上拉引身体（图 6–2–1）。如需降低难度，可在杠前放置一个高物，使身体呈斜向悬垂（图 6–2–2）。

C. 要求：向上引体下颌超过单杠，不摆动。

图 6–2–1　引体向上

图 6–2–2　引体向上

②收腹举腿

A. 目的：重点发展肩带肌、腹直肌的爆发力和耐力，同时协同发展股直肌。

B. 方法：从悬垂开始，做直腿上举练习（图 6–2–3）。

C. 要求：两腿伸直，膝盖处不要弯曲，尽力举至更高。

 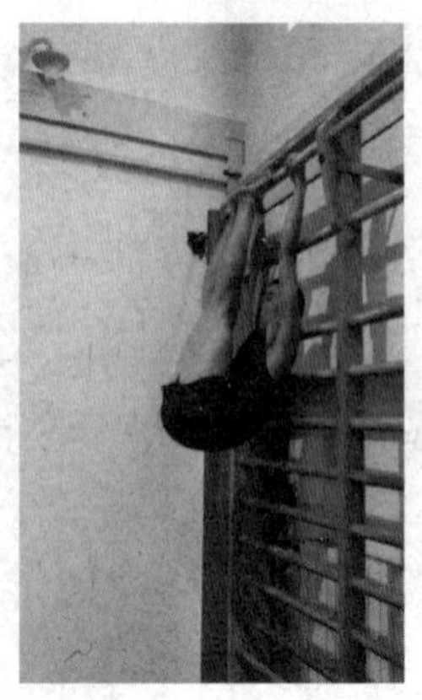

图 6–2–3　收腹举腿

③悬垂中穿前后翻

A. 目的：重点发展肩带肌、腹直肌、竖脊肌的耐力、力量。

B. 方法：悬垂开始，蹬地身体后倒，收腹屈膝举腿，两腿从两臂间穿过，当臀部经过杠下时，慢慢伸腿，抬头至两脚落地，后翻，蹬地身体前倾，收腹屈膝背部上提，两腿从两臂间穿过，当双膝经过杠下时，慢慢伸腿两脚落地（图 6–2–4）。

C. 要求：双臂伸直，身体保持团身，穿杠时不碰杠子。

图 6–2–4　悬垂中穿前后翻

④举腿倒置悬垂

A. 目的：进一步发展手臂、肩带肌群、腹直肌、股直肌的爆发力和耐力，协同发展器械上的倒置悬垂技术。

B. 方法：从悬垂开始，屈髋做直腿上举，经悬垂举腿姿势后收腿继续用力上伸，直至成髋部靠杠、头部向下的倒置悬垂姿势。之后，身体有控制地回落成悬垂姿势（图 6–2–5）。

C. 要求：双腿并拢、伸直，倒置悬垂时髋部靠杠。

图 6–2–5　举腿倒置悬垂

（2）支撑类

支撑通常是上肢所表现的一种能力，是体操技术发展不可缺少的力量。运动员无论在器械上还是在地面上做推撑、还是倒置技术都离不开上肢的支撑，而体操技术的发展更离不开手臂支撑的增强。因此，支撑力量是需要经常加强训练的。

①俯撑

A. 目的：主要发展肱三头肌和胸大肌，体操训练中有一些由俯撑开始的动作，也有许多由垂直站立至俯撑的动作，动作幅度大时会为肩、肘、腕关节带来很大的冲击，由此可能会带来一定的损伤。俯撑的练习和相关肌肉力量的增强能够很好地保护关节，使其免受关节部位的损伤，因此在体操训练中，俯撑练习是必不可少的重要内容。保持一定长时间的俯撑，可增强肌肉的耐力。

B. 方法：由俯撑姿势开始，双臂弯曲缓慢向下同时上体下降，双臂屈至离地面约 20 cm 高的位置时，保持静止不动（图 6–2–6）。

C. 要求：肘关节向外，或向后，腹部与地面保持一定的距离，膝盖绷直。

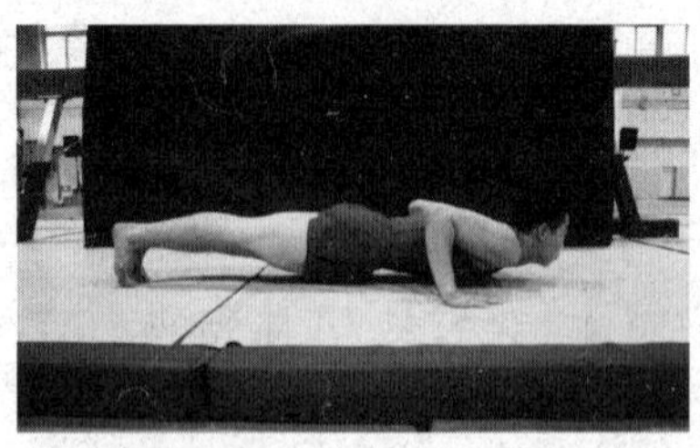

图 6–2–6　俯撑

②俯卧撑（双杠俯卧撑）

A. 目的：重点发展肱三头肌，前锯肌。

B. 方法：两臂俯撑，两手与肩同宽（略宽）腰椎保持自然伸直姿势；双手位置与头顶平行，身体各部位同时撑起，两个肘部向身体外侧弯曲，身体降低（平起平落，全身挺直）。可利用多种形式如皮绳拉力，该动作还可根据发力特点在双杠上进行（图 6–2–7）。

C. 要求：以肘部下降引导身体下降，身体笔直，保持平衡。

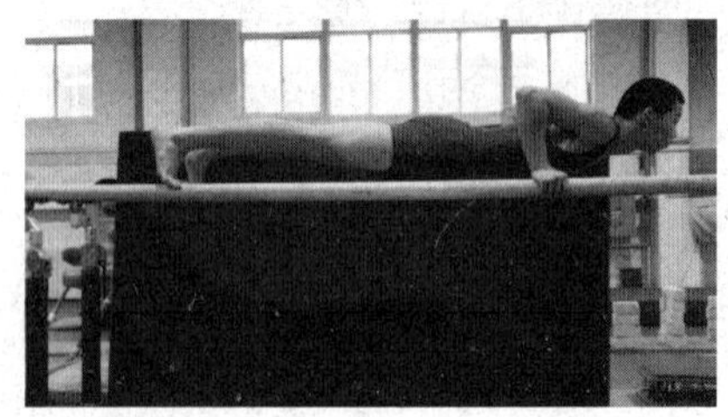

图 6–2–7　俯卧撑（双杠俯卧撑）

③俯卧推手击掌

A. 目的：发展胸大肌及肩带肌群的力量。该练习能够加大练习强度，增强肌肉的爆发力。

B. 方法：俯撑，屈肘，然后以爆发力用力推地，使身体在地面的反作用力下腾空，在最高点击掌，回落后，屈肘缓冲。

C. 要求：身体不能松懈，回落后注意屈肘缓冲。如需增加难度，可将瑞士球置于脚下。

④单杠支撑

A. 目的：单杠上的支撑是杠上动作发展的基础，杠上支撑能够锻炼身体的控制能力和上肢与身体的平衡性。

B. 方法：支撑时保持身体重心和肩部向前倾，双腿并拢伸直，腹臀收紧，大腿根部靠在杠子上（图 6–2–8）。

C. 要求：在器械上双臂撑直，上体挺直，双臂的力量能很好地控制身体平衡。

图 6–2–8　单杠支撑

⑤单杠双臂屈伸

A. 目的：主要发展肱三头肌和背阔肌，同时发展杠上支撑和身体核心区域的控制能力。

B. 方法：由支撑开始，双臂缓慢弯曲至最大限度，随着双臂的弯曲，身体重心下降，屈髋、双腿前收使之不掉下器械，之后双臂向上撑起，反复练习（图 6–2–9）。

C. 要求：有动作幅度，保证不掉下器械。

图 6–2–9　单杠双臂屈伸

⑥双杠支撑；支撑行走；支撑跳

A. 目的：增强身体的控制能力和上肢与身体的协调平衡。

B. 方法：根据实际水平可选择渐进性练习。

其一，在两杠中间，双手正握杠，双臂撑直（肩轴与手垂直）身体保持挺直的姿势；

其二，直臂支撑开始，单手向前移动，然后另一手向前移动（图 6–2–10）；

其三，双臂支撑开始，双肩下沉（耸肩的姿势），然后肩部快速上顶，双手稍推离杠前跳或后跳。

C. 要求：动作协调、平稳，能较好地控制好身体的平衡。

图 6–2–10 双杠支撑

⑦双杠双臂屈伸

A. 目的：在静止支撑基础上增加一定强度的练习，重点发展肱三头肌和胸大肌力量。

B. 方法：直臂静止支撑在双杠上，向下屈臂，向上推直手臂成支撑，连续重复（图 6–2–11）。

C. 要求：协调用力，做屈伸时要适当控制摆动幅度。

图 6-2-11　双杠双臂屈伸

⑧双杠摆动臂屈伸

A. 目的：在发展胸大肌的同时发展身体的控制与协调性。

B. 方法：在臂屈伸的基础上，增加身体的摆动来完成。

C. 要求：动作协调、松弛，屈伸到位。

⑨瑞士球（健身球）俯卧撑

A. 目的：在非平衡状态下进行的训练，重点发展肱三头肌、胸大肌及腹直肌。

B. 方法：单脚或双脚脚掌撑地，直臂双手撑在球上，身体成一条斜线。屈肘时使前臂“包”在球上，然后撑起身体，重复练习。如果要加大难度，可以双手撑地，双脚放在球上进行练习。

C. 要求：以肘部下降引导身体下降，身体保持笔直和平衡。

⑩（靠墙）倒立

A. 目的：重点发展前臂前后群肌和手臂的支撑力量，同时需要身体各部位肌肉群共同参与。

B. 方法：面对墙站立，两手与肩同宽撑地，一脚蹬地，一脚后摆成背对墙的手倒立（图 6-2-12）。

C. 要求：倒立时两臂伸直，肩角顶开，身体挺直。初学时要注意掌握正确的身体姿势。

图 6-2-12 （靠墙）倒立

⑪推倒立

A. 目的：发展肱三头肌和前锯肌，该动作是在倒立基础上增大肌肉强度的练习，同时，该练习也能够为运动员完成类似发力技术动作做必要的准备。

B. 方法：倒立姿势，双臂缓慢弯曲，身体重心随手臂的弯曲向下，至头快接触地面时双臂用力上推，至倒立位置。为增加练习幅度，推倒立可在离地面一定高度的、稳定的支撑面上练习。双手撑于支撑面的边缘，手臂弯曲向下，待手臂达到充分弯曲及颈部至支撑面边缘时，手臂用力上推（图 6-2-13）。

C. 要求：手臂弯曲充分，身体控制平稳并保持较好的倒立姿势。增加强度练习时可在他人的保护下进行。

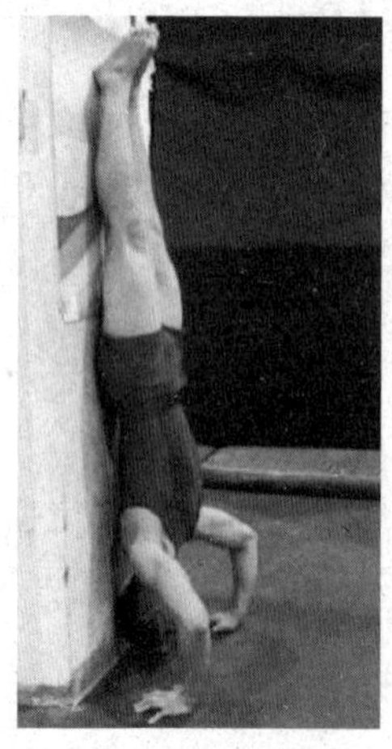

图 6-2-13 推倒立

⑫爬倒立

A. 目的：发展肩带肌群的力量和身体一定的平衡能力。

B. 方法：倒立姿势，手臂依次交替向前移动。

C. 要求：身体保持平衡并有较好的姿态，尽可能远距离地“行走”。

（3）利用辅助器械训练上肢力量

在教学条件有限、缺少专门器材进行素质练习的环境中，使用例如皮绳这样既经济又轻便，同时还不占用空间的小器材也能够保证上肢力量的练习。利用辅助器材不但能起到增加力量练习的负重效果，还能多角度、多方位发展上肢肌肉群，达到发展上肢力量的效果。

①直臂侧举上拉橡皮筋

A. 目的：发展三角肌中束。

B. 方法：立正姿势，把橡皮筋带踩在脚下，两手握橡皮筋带的两头，做两臂经侧至上举的动作。该练习对运动员在吊环器械的动作技术发展很有帮助（图 6–2–14）。

C. 要求：可静止，可直臂快速用力。

图 6–2–14　直臂侧举上拉橡皮筋

②直臂下压、侧拉纵拉橡皮筋

A. 目的：主要发展背阔肌、三角肌前束和胸大肌

B. 方法：把橡皮筋挂在把杆高处，臂做下压或侧拉内收动作，也可以变换方向练习（图 6–2–15、图 6–2–16）。

C. 要求：含胸直臂下压，逐步增加负重力量。

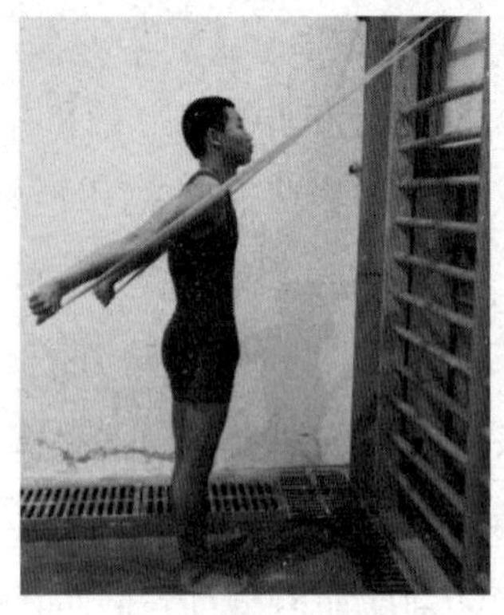

图 6-2-15　直臂下压、侧拉纵拉橡皮筋

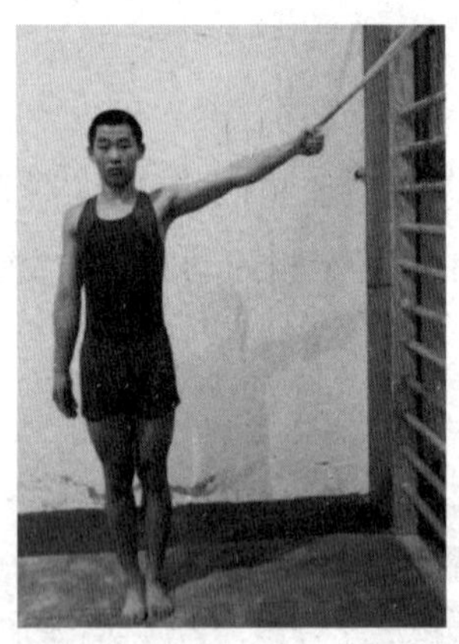
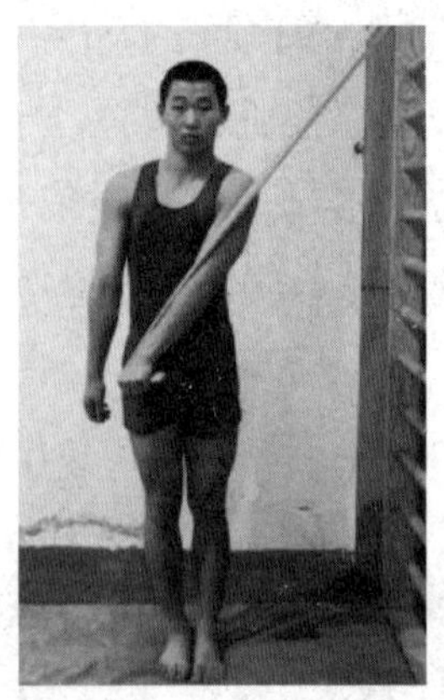

图 6-2-16　直臂下压、侧拉纵拉橡皮筋

2. 下肢力量

下肢力量在体操技术教学与训练中是不可缺少的力量素质。在跳跃、技巧的翻腾动作中好的腿部力量是较好完成动作的关键。在体操项目中，与技术有关联的腿部力量包括爆发力、落地的缓冲力和腿的控制能力。

（1）静力性

①蹲起（半、深蹲）

A. 目的：重点发展股四头肌和臀大肌。

B. 方法：两脚平行站立，保持一段时间的半蹲姿势后起立。（为使力量进一步增强，可负重，每次多重复练习）（图 6-2-17）。

C. 要求：上体不能向前屈，膝关节的垂直线不超过脚尖。

图 6–2–17　蹲起（半、深蹲）

②高处跳起缓冲落地

A. 目的：发展腿部肌群力量及平衡能力。该练习能较好地发展空中落下时腿部的缓冲能力。

B. 方法：自距地面一定高度的地方跳起、下落，双膝缓冲落地（图 6–2–18）。

C. 要求：落地时上体尽可能保持在身体的投影点内，不可弓腰、含胸，手臂可水平前伸来保持身体平衡。

图 6–2–18　高处跳起缓冲落地

③把杆控腿（前、侧、后）

A. 目的：发展股四头肌、臀小肌及股方肌力量。体操动作中有很多需要在地面或器械上完成的举、控腿的静止动作。腿的良好控制能力能够使动作看起来轻盈、飘逸、优美。

B. 方法：一手扶把杆，一腿前举（或侧举）与地面平行，保持一段时间（图 6-2-19）。

C. 要求：尽量控制好腿的位置与高度，保证上体的正确位置。

图 6-2-19　把杆控腿（前、侧、后）

④手扶把杆提踵

A. 目的：发展小腿三头肌力量。在体操技术动作中，特别是女运动员很多的舞蹈、跳步和转体动作都需要提踵来完成，因此，小腿肌肉的练习十分重要。小腿肌群的发展对动作落地的稳定性也有很好的帮助（图 6-2-20）。

B. 方法：身体侧对把杆，一手扶住把杆，提踵保持一段时间后落踵（也可单脚完成该练习）。

C. 要求：身体保持直立。

图 6-2-20　手扶把杆提踵

（2）动力性

①连续团身跳

A. 目的：发展腿部肌群的爆发力和身体的协调性。有增强小腿外侧肌群以及足底肌功能的作用。

B. 方法：跳至最高点时，双膝快速上吸至胸的位置，落地前放腿缓冲落地，利用地面的反弹再次重复前一次动作（图 6-2-21）。

C. 要求：跳起有高度，团身紧，有连续性。

图 6-2-21　连续团身跳

②连续垂直跳

A. 目的：发展小腿肌群和足肌的力量。

B. 方法：双脚蹬地跳起，起跳后双腿并直，下落缓冲落地，利用地面的反弹再次重复前一次动作（图 6-2-22）。

C. 要求：起跳有高度，连接有节奏，手臂可以叉腰或随跳动协调自然摆动。

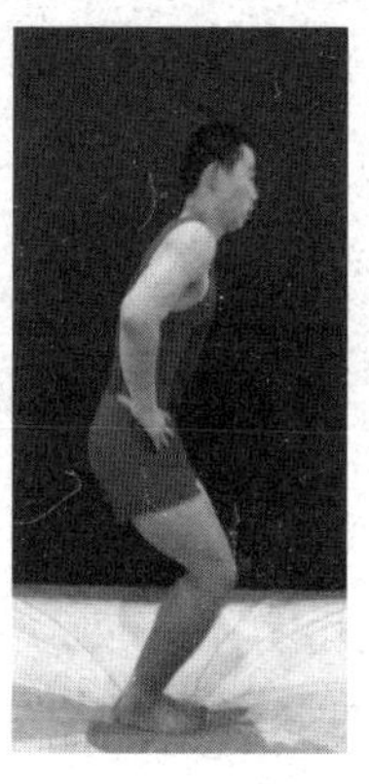

图 6-2-22　连续垂直跳

3. 核心（腰腹）类

核心区域被认为是肩部以下、髋部以上的部位。把人体看作是一个封闭的系统，无论是跑跳技术，还是空中制控、翻转，或者所有器械上的发力等，都需要协调各个部位肌肉有序发力，能量通过发力部位传导至核心区，再由强大的核心部位作为媒介，把能量最大限度地送至终点。核心区域的发达能保证没有损失地将力送达所需要的区域，在传递中没有消耗，因此，核心区域无论是作为力的传递媒介抑或是枢纽，在身体能力的发展中都是最为重要的。

（1）静止类

①仰、俯卧“睡硬人”

A. 目的：发展腹直肌和竖脊柱肌的力量。

B. 方法：脚和肩背分别置于体操凳上，身体伸直保持一段时间，腹上可负重（图 6–2–23、图 6–2–24）。

C. 要求：身体保持挺直。

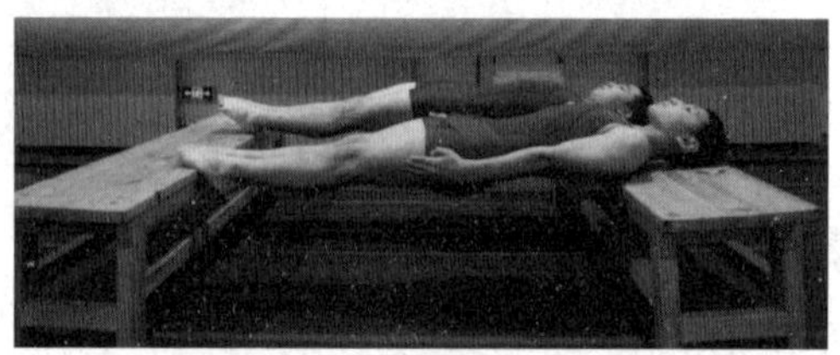

图 6–2–23　仰卧“睡硬人”

图 6–24　俯卧“睡硬人”

②仰卧两头起静控

A. 目的：在重点发展腹直肌和股四头肌的同时，提高全身肌肉协同控制平衡的能力。静止力量的练习往往能够发展肌肉深层小肌肉群的力量，小肌肉群力量对身体的平衡和稳定起到关键的作用。

B. 方法：仰卧平躺于垫子上，双臂伸直贴近双耳两侧，双腿与上体同时抬起，双手触碰脚尖，呈“V”形。练习时可根据练习者的实际情况选择“量”的安排（图 6–2–25）。

C. 要求：收起时身体着地面积不应过多或过少，应寻找到最大程度锻炼腹直肌和平衡力量的“点”。

图 6–2–25　仰卧两头起静控

③俯卧两头翘静控

A. 目的：重点发展竖脊肌、臀肌和大腿后部肌群，同时，发展全身肌肉协同控制平衡的能力。

B. 方法：俯卧于垫子上，身体充分伸展，双臂伸直贴近双耳两侧，背部、腿部和大腿后部肌群快速收紧，两臂和两腿同时离开地面，头和颈部保持自然姿势（图 6–2–26）。

C. 要求：将背部和下肢作为整体进行练习，如需增加难度，可以俯卧在瑞士球上进行练习。

图 6–2–26　俯卧两头翘静控

（2）动力性

①仰撑举（踢）腿

A. 目的：发展竖脊肌、髂腰肌力量，协同发展腿的股四头肌力量。

B. 方法：呈仰撑姿势，双腿依次交换向头的方向快速上踢，下落时要有控制（图 6–2–27）。

C. 要求：身体姿势保持不变，踢腿时有速度和高度，要有控制地落下。

图 6-2-27　仰撑举（踢）腿

②举腿仰卧起坐

A. 目的：主要发展腹直肌的力量。

B. 方法：仰卧于地面，双臂伸直贴近双耳两侧，双腿举起，开始的姿势呈“L”形。上体快速收起，双腿不动，双手触碰脚尖；上体回落，重复之前的动作（图 6-2-28）。

C. 要求：收腹时双腿保持不动，上体尽可能地向上收紧。

图 6-2-28　举腿仰卧起坐

4. 混合类力量练习

力量练习可有重点地针对某些部位进行，但通常情况下力量的发展离不开身体其他部分的协同配合，这就如同动作技术的完成需要身体各部位主动肌、对抗肌的协调用力。因此，在力量训练中上肢、下肢、躯干的联动练习是不可缺少的。如直角支撑，瑞士球俯卧控体等。

（1）分腿支撑

①目的

重点发展手臂的支撑能力，对腹直肌和股四头肌的力量要求较高。

②方法

分腿坐于垫上，两手一前一后撑起身体，上体保持正直，利用腿部肌群举腿，控制一段时间（图 6–2–29）。

③要求

膝盖要伸直。尽量控制臀部与地面保持一定高度的距离。

图 6–2–29　分腿支撑

（2）侧卧顶髋

①目的

重点发展腰大肌、腰方肌，手臂的支撑力量也较为关键。

②方法

侧卧单臂撑地，用一只脚外侧撑地，向上侧顶髋至最大幅度，停留一段时间，向下侧沉髋，上下交替进行（图 6–2–30）。

③要求

膝盖要伸直。

图 6–2–30　侧卧顶髋

（3）双臂悬挂收腹举腿

①目的

综合力量练习。主要发展肩带、胸肌、斜方肌、髂腰肌和股四头肌的力量。

②方法

双臂胸前平屈的姿势挂撑于平衡木上，双肩、上臂用力上提，使身体核心区域收紧，同时双腿伸直或团身向上收起、落下，重复练习（图 6-2-31）。该练习也可上收至一定高度后保持静止，或在一定高度上做腿的交换上踢，开并等动作（图 6-2-32）。练习的形式可根据练习者的水平、年龄而定。

③要求

双腿伸直，并有一定时间和质量的保证。

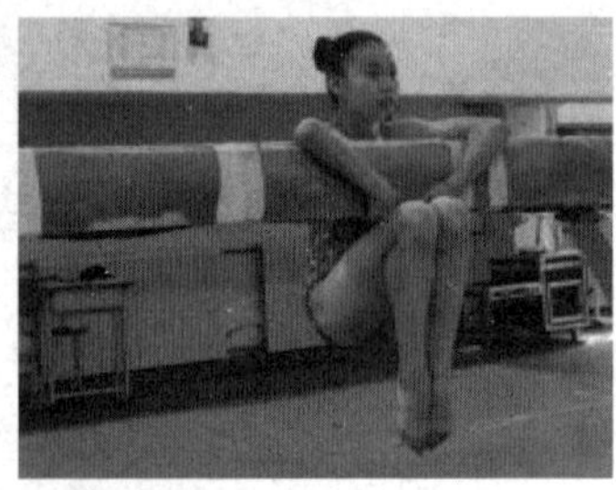

图 6-2-31　双臂悬挂收腹举腿

图 6-2-32　双臂悬挂收腹举腿

（二）注意事项

第一，力量素质的发展要全面而有重点。

第二，紧密结合项目特点和专项技术安排力量训练。

第三，进行力量练习时，要全神贯注，念动一致，注意安全。

第四，进行力量练习时，要掌握正确的呼吸方法。

第五，要采用大负荷与循序递增负荷进行训练。

第六，练习时要使肌肉充分拉长和收缩，练习后要使肌肉充分放松。

第七，力量素质训练要系统科学安排、不要间断。

二、速度素质训练

人体运动的能力就是速度素质，这包括对外界信号快速反应的能力、快速位移的能力和人体快速完成动作的能力。速度素质包括 3 个方面，分别是动作速度、反应速度和移动速度。人体或人体某一部分进行某一动作，并且快速完成的能力就是动作速度；人体快速应答各种信号的能力就是反应速；针对特定方向，人体位移的速度就是移动速度。体操项目中比较重要的就是动作速度和反应速度，这两种速度素质也是提高动作技能的关键。

（一）主要内容与功能

1. 位移速度训练：

（1）30～60 m 快速跑

①目的

掌握快速跑的方法，发展位移速度，提高快速跑的能力。该练习对跳马项目的技术完成具有一定的辅助功能。

②方法

自然站立式起跑，起跑之后两脚充分后蹬，并且保持速度，摆动腿向前摆动，髋部前送；两臂前后摆动，以肩为轴，两臂放松，保持力度；上下肢协调配合，全程都要用最快速度进行。

③要求

跑步自然、协调，摆腿蹬地有力；身体平稳，跑成直线，不减速。

（2）下坡跑

①目的

重点发展股四头肌和小腿肌。下坡跑是为了打破原有速度，刺激增加步频，从而提高移动速度。该练习对体操项目中的助跑急停和下法落地时身体的前冲所要达到的控制有非常好的辅助练习效果。

②方法

全脚掌或后掌先触地，减少对膝盖等关节部位的冲击。身体保持正直（不是僵直），目的还是为了控制身体重心，利用手臂左右前后上下的运动和相关位置来帮助控制身体平衡。

③要求

身体向下的惯性和较快的速度让下坡跑有一定的危险，因此，练习时注意力要集中，根据个人情况选择练习坡度和速度。

（3）上坡跑

①目的

重点发展股四头肌和小腿肌的蹬伸和前摆力量。在体操项目中，自由体操的翻腾和跳马动作的踏板都需要足够的腿部蹬伸力量。

②方法

选择平缓的坡度进行练习，上坡时放慢速度，身体微倾向前，抬头挺胸，双手臂自然摆动呈 90° 。跑步时抬高膝盖，缩小步幅，节奏要轻快。呼吸要专注，与跑平地的呼吸频率要保持一致。

③要求

注意训练的强度，新手们的第一训练项目不是“速度”。

（4）高抬腿练习

①目的

重点发展腹直肌和股四头肌。无论是原地高抬腿还是行进高抬腿，交换的频率和速度对体操运动员完成跳步动作具有很强的促进作用。

②方法

单位时间内，双腿交替抬至水平。为保持平衡，双臂也相应抬高。在抬腿的同时，要用力收腹。

③要求

有频率，保持上身挺直，大腿与腹部的夹角尽可能接近 90° 。

2. 专项技术速度训练

随着动作技术不断的发展和难度动作的增加，动作速度的需求日显增多。空翻、转体不断增量，动作完成得高、漂、轻都离不开动作的速度。但体操项目多，在不同器械上完成的技术动作也繁多，所需的动作速度的练习有一定的差别，因此，速度的练习要结合动作技术完成和规格来加以训练。需强调的是速度与力量的发展是密切相关的，在进行速度练习时要增强某些部位的力量练习。

（二）注意事项

第一，为确保速度素质训练的有效性，依据有3个方面，分别为时间、练习内容和运动负荷。运动员要选择技术成熟的动作，用最快的速度来重复完成。

第二，速度素质是不易转移的，练习要尽可能地选用专项动作。

第三，采用多种方式进行速度素质训练，如游戏或竞赛的形式，使体操运动员中枢神经更加兴奋。

三、耐力素质练习

机体坚持长时间运动的能力就是耐力素质。根据人体的生理系统分类，耐力素质可分为两类，分别是心肺耐力和肌肉耐力。肌肉耐力就是力量耐力；心肺耐力又可以分为两类，分别是有氧耐力和无氧耐力。体操项目不仅需要心肺耐力，也需要肌肉耐力，从项目的特点来看既需要心肺的有氧和无氧功能，也需要肌肉耐力。

（一）主要内容与手段

1. 心肺功能耐力

发展心肺功能的耐力主要通过走、跑、跳等练习来进行，通过变换一定强度、频率、间歇时间和动作幅度使心肺耐力得以提高。在体操教学中，为提高耐力练习的兴趣，减少耐力练习的枯燥、乏味，应多采用如游戏式的练习方法，如障碍追逐类、接力类、有氧健身操

2. 肌肉力量耐力

上肢的引体、屈伸、摆动、绕环的耐力练习；下肢的踢腿、控腿、半蹲、提踵的耐力练习；核心的腰腹、臀肌的耐力练习；综合的直角支撑，提倒立，十字支撑和多种组合动作的耐力练习。应结合体操男女各项目的技术特点和成套完成所需要的时间，通过增加和减少成套动作的难度，变换成套动作的量，如半套组合或双成套组合来提高心肺耐力和肌肉耐力是较为常用的手段。

（二）注意事项

第一，每一次只增加一个变项，如只增加持续时间，或运动强度，或频率。

第二，先增加持续时间再增加运动强度。

第三，增加负荷前，最少要有 1～2 个星期的适应。

第四，在可忍受范围内，增加一些持续时间。

第五，在训练过程中或在训练后觉得不舒服或疼痛，要考量降低运动强度或停止运动。

第六，根据训练内容和对象，一般耐力与专项耐力的训练比例是不同的。

第七，专项耐力的训练应该达到比赛的量和强度，甚至是超过。

四、协调素质训练

协调素质主要是指协调性，是指身体在活动过程中各部分环节神经肌肉在时间和空间上的配合。在体操项目中，该素质尤为重要。体操动作技术复杂，许多动作都是身体各个部位的协调用力进行的，没有身体各部位的协调配合，不但动作表达会僵硬、缺少美感，同时很多高难动作也无法完成，因此，协调素质在体操教学中应该长期保持训练，主要包含以下内容：

（一）主要内容与功能

1. 爬行类

爬行类协调练习于儿童和青少年时期的身体发展特别重要，尤其儿童阶段是发展协调能力的最好阶段。体操项目的特点决定该项目的起始时间要从儿童开始。因此，具有趣味性的爬行练习是非常适合儿童进行练习的。此外，近几年，随着运动训练进一步深化，及对体能训练认识的加深，各专项都认识到身体的协调对技术发展的重要作用，所以，爬行类动作在各专项的体能训练中也有很多的摄入，并在此基础上不断发展。

2. 平衡类

平衡是体操项目较为重要的一项素质，体操项目中所有技术的完成的实质都是在精密的控制下进行的。器械上动作的稳定程度，转体、翻腾动作的精准，下法落地的稳定性都体现出平衡的重要性。平衡性的优劣源于力量的强弱，也在于本体感受的强弱。每个人都有技能，但是，本体感觉在运动过程中对关节和肌肉的控制程度，直接导致使用技能产生的效果不同，对运动表现也将产生巨大影响。

（1）静态平衡

①原地高提踵站立（单脚、双脚）

A. 目的：重点发展小腿三头肌、足肌群肌力，增强稳定性。

B. 方法：身体保持直立，目视前方，脚跟上提至最高点站立（双脚前后或并立）（图 6–2–33）。

C. 要求：身体挺拔，膝盖伸直，大腿内侧夹紧。

图 6–2–33　原地高提踵站立（单脚、双脚）

②单腿前举、侧举、后举腿站立

A. 目的：重点发展股四头肌和股方肌的力量。该练习增加了静态平衡的难度，为专项动作发展做辅助的平衡练习。

B. 方法：由单脚站立开始，上体挺直，两臂侧举、上举即可。右（左）腿站立，左（右）腿屈膝上吸，或直腿前举、侧举、后举保持平衡站立（图 6–2–34）。

C. 要求：支撑腿稳定，姿态腿保持控制。抬头，挺胸。

图 6–2–34　单腿前举、侧举、后举腿站立

（2）动态平衡

①双杠支撑摆动

A. 目的：重点发展肱二头肌、肱三头肌、桡侧腕伸肌和尺侧腕屈肌的力量，对腹直肌和股四头肌的力量要求也较高。同时，提高将身体的重量均等地分配到身体支撑点的能力。

B. 方法：站立于两杠中间，两手抓握双杠，蹬地跳起离地，成双臂支撑，双腿伸直前屈、后摆，身体随之保持平衡摆动。与之相同的练习还有吊环上的支撑。

C. 要求：双臂和双膝伸直，上体保持直立动态平衡。

②平衡木足尖走或头顶物件足尖走

A. 目的：增强动态稳定和本体感受性，由静态平衡过渡到动态平衡的简单练习，同时可以提升注意的分配。

B. 方法：双臂侧平举，在平衡木上行走。练习时可根据练习者的年龄、水平选择适当宽和高的平衡木。随着练习者稳定性的提高，可做足尖或头顶物件行进练习（图 6–2–35）。

C. 要求：行走自如稳定、无晃动，保持较好的姿态或头顶物品不掉下。

图 6–2–35　平衡木足尖走或头顶物件足尖走

（3）失重平衡类

有了更好的平衡和本体感觉，可以了解身体在空间中的位置从而来保持对身体的控制。在了解运动过程中，身体的运动方式能够更有效地减速和改变方向。

好的平衡和本体感受可以以更大的力量和爆发力进行运动，从而不会因为位置不正确而浪费不必要的运动能量，同时降低或减少受伤的机会。

3. 双人配合类

（1）划小船

①目的

双人协同作用下的协调练习。该练习在增进协调性的同时也能增加腹直肌、腿部前后肌群的力量。

②方法

两人面对面坐并手拉手（A 双腿并拢，将双脚放置于 B 臀部下方。B 分开双腿将双脚放置 A 臀部下方），两人通过臀部的抬起，双腿的伸、收以及手臂的牵拉配合完成起伏行走的练习。

③要求

两人协调配合相互助力完成。

（2）推小车

①目的

重点发展上肢、肩带肌群和核心肌群的力量。

②方法

练习者含胸梗头俯撑，帮助者抓住其双脚跟随练习者一同前行。该练习可前进和后推爬行交替进行（图 6–2–36）。

③要求

身体保持成一条直线，不能松懈。帮助者要紧跟练习者。

图 6–2–36　推小车

（二）注意事项

第一，练习者实际情况，循序渐进地采用多样化的手段与方法，逐步提高协调素质。

第二，协调素质训练一般安排在训练课前后的准备或体能部分，随着练习者运动水平、协调能力的提升，可逐渐采用较难的动作或组合动作进行练习。

第三，在进行协调素质训练时，应营造轻松的学练氛围，鼓励练习者放松心情，敢于尝试。

五、柔韧素质训练

柔韧性练习有两种不同的练习方式，分别是被动拉伸和主动拉伸。利用自身体重或器械以及同伴，保持肢体一定的伸展位置就是被动拉伸。依靠收缩肌的力量，不依靠其他外力动作，保持肢体在某一特定位置就是主动拉伸。根据体操项目的特点和要求，该训练主要为发展肩、胸、腰、髋、腿、腕、踝部柔韧性。

（一）主要内容与功能

1. 下肢的柔韧

（1）把杆压腿（前、侧、后）

①目的

重点发展腘绳肌的柔韧性，同时又是纵叉、横叉的基础。

②方法

前或侧，将一条腿放置于把杆上，上体分别从直立向前倾、向侧倒；后压，将一条腿的脚踝内侧放置于把杆上，重心下降实现拉伸，并辅以上肢舞蹈手位进行练习（图 6–2–37、图 6–2–38、图 6–2–39）。

③要求

上体在前倾、侧倒和下肢重心下降时，保持髋关节稳定性。

图 6-2-37　把杆压腿

图 6-2-38　把杆压腿

图 6-2-39　把杆压腿

（2）分腿或并腿体前屈

①目的

重点发展腘绳肌肉、腰大肌和髂腰肌。

②方法

站位或坐位前屈，双腿并立或并直，膝盖伸直，双手触地或脚尖，也可把脚垫高做分腿坐体前屈等。（图 6–2–40、图 6–2–41）

③要求

站立或坐位体前屈，尽量用下巴去触脚。

图 6–2–40　并腿体前屈

图 6–2–41　分腿体前屈

（3）垫上压叉（纵叉）

①目的

重点发展腘绳肌、内收肌和股直肌的伸展性。

②方法

前脚放置于体前地面上或前脚跟腱放置于垫上，后腿放置于身体正后方，膝盖上方放置于垫上，双手撑地，髋关节摆正与两腿垂直，目视前方（图 6–2–42）。

③要求

双腿成一条直线，前腿稍外旋，后腿稍内旋。

图 6–2–42　垫上压叉（纵叉）

（4）垫上压叉（横叉）

①目的

重点发展内收肌群的柔韧性。

②方法

双腿左右一字伸直，小腿后侧着地，双脚跟着地或置于垫上，两脚尖向左右侧伸展成一字形，双手于体前支撑（图 6–2–43）。

③要求

双腿和髋成一条直线，双腿膝盖、脚背朝上，腰背挺直。

图 6–2–43　垫上压叉（横叉）

（5）跪撑后倒

①目的

重点发展股四头肌的柔韧性。

②方法

跪立，双手体后撑于踝关节，身体后倒；或成跪坐的姿势，双手撑于身体两侧，上体缓慢后倒至地面，牵拉股四头肌群（图 6–2–44）。

③要求

动作缓慢，牵拉充分。

图 6-2-44　跪撑后倒

2. 肩、胸、腰部柔韧

（1）肩

①目的

重点发展上臂屈伸肌、外斜肌、胸大肌、背阔肌和腹直肌的柔韧性。

②方法

根据牵拉位置的需要，可选择主动练习或被动练习。练习形式主要有：

第一，体前屈压肩：面对肋木站立，两手握肋木体前屈向下压肩（两人或多人体前屈压肩，图 6-2-45）。

第二，向后拉肩：背对肋木站立，两手后举反握肋木，身体向前拉肩（图 6-2-46）。

第三，俯卧外力拉肩：练习者俯卧在垫子上，两臂屈肘交叉放在肩上，同伴双手拉其肘关节处，膝关节顶住并控制背部，帮助练习者开肩（图 6-2-47）。

第四，吊肩：在肋木或杠上做正握吊、反握吊、交叉臂吊等，利用身体重心发展柔韧性（图 6-2-48）。

第五，转肩：两手握绳子、把杆、低杠或双杠做向前或向后的中穿腿的动作，转肩后成悬垂动作，再提臀中穿腿还原。双手握杆或握杠的距离因人而异（图 6-2-49）。

③要求

肩部拉伸时应注意身体保持稳定，与拉伸形成对抗。

图 6-2-45　体前屈压肩

图 6-2-46　向后拉肩

图 6-2-47　俯卧外力拉肩

图 6-2-48　吊肩

图 6-2-49　转肩

（2）体侧屈

①目的

重点发展腹外斜肌。

②方法

双脚并立，双手十指交叉向正上方伸直双臂，身体向一侧倾斜，也可持棍或单手扶把杆（图 6-2-50）。

③要求

向侧倾斜时，身体各部位保持在冠状面。

图 6-2-50 体侧屈

（3）下腰或体后屈（仰卧成桥，站立向后下桥，甩腰）

①目的

重点发展腹直肌的柔韧性，对竖脊肌也有一定的要求。

②方法

仰卧开始，双手双脚撑地将身体推起，仰头，眼睛看向地面；站立开始，两腿分开略宽于肩，两臂向上举起，挺髋、上体后仰，两手掌撑地，整个身体呈拱桥状（图 6-2-51）。

③要求

四肢尽量伸直，手脚的距离尽可能地靠近。

这个动作对某些人来讲是不允许做的，为了保护脊柱，“桥”的练习必须从肩部开始，肩部的位置必须在手的支撑点上边。很多初学者常犯的错误是在腹肌力量不够、脊柱易损伤的情况下开始进行“桥”的训练。“桥”的训练应将重点放在上背（胸部）和肩的柔韧上，应避免脊柱过多的弯曲，相反，学习者应试着用力蹬直双腿将身体重心更多地落在肩部。

图 6-2-51　下腰或体后屈（仰卧成桥，站立向后下桥，甩腰）

3. 小关节肌肉群柔韧

（1）跪坐压脚背

①目的

重点发展拇短伸肌、拇长伸肌。

②方法

跪坐压脚背，或双手撑地，膝盖和小腿抬起压脚背（图 6-2-52）。

③要求

将身体重量放置于脚背，双脚跟并拢。

6-2-52　跪坐压脚背

（2）压手腕

①目的

重点发展桡腕关节处屈、伸的肌群。

②方法

自扳手腕使手腕做屈与伸、内收与外展动作；跪坐开始，身体重心前倾，双手腕成“屈”的动作、双手腕成“伸”的动作（图 6-2-53）。

③要求

将身体重量适当加压在双手腕上，不宜过分急于求成。

图 6–2–53　压手腕

4. 踢、搬、控、摆腿

（1）踢腿，搬腿，控腿（前、侧、后）。

①目的

重点发展腘绳肌、内收肌、臀大肌、腰方肌、足肌群肌力。

②方法

身体保持直立，目视前方，动力腿分别向前、侧、后方，进行踢腿、搬腿（图 6–2–54）、控腿、外摆和里合腿。

③要求

身体挺拔，膝盖伸直，大腿内侧夹紧。

（2）摆腿（略）

图 6–2–54　搬腿

5.AIS 牵拉

AIS 牵拉法（Active Isolated Stretching）即练习者主动完成的单一肌群伸展练习，可以有效伸展肌肉，发展柔韧性，且痛苦较少，比较容易被运动员接受。这种牵拉法主要有以下几个特点：

第一，特异性：每次牵拉时都是针对动作所舒展的部分肌肉，而不是大肌肉。

第二，主动发力：AIS 牵拉是被动者在他人的协助下完成的，但主要还是依靠被牵拉者的主动收缩，也使得对侧肌肉放松（交互异制原理），有助于更好地伸展。

6. 动力性伸展

动力伸展是一个全新的理念，即以专项技术动作相似的动作，相对缓慢地将肌肉伸展到最大范围动态。伸展练习是运动员准备活动的主要内容之一。动力性伸展与摆动牵拉是两个不同的概念，其运动的表现形式也有所不同。动力性伸展相对更缓和，内容更广且全面，练习形式是在行进或动态下完成的，其表现方式与静力牵拉相反。柔韧练习的内容有很多，每一种练习都涉及不同的形式。由于体操的项目特点柔韧练习更多地运用到了静力牵拉和摆动牵拉。尽管这类柔韧练习的方法一直沿用并贯穿体操教学和训练过程，但随着科学训练方法的深入，我们更应该反思柔韧训练的科学性，不应该把该训练狭隘化，使练习者对柔韧练习产生恐惧的心理。

（二）注意事项

发展柔韧素质与力量素质相结合；注意柔韧性练习与温度和时间的关系；应保持经常性的柔韧练习；柔韧性练习应注意循序渐进。

（一）主要内容与手段

1. 发展体操运动员一般灵敏素质的手段

第一，运动员在跑、跳中迅速、准确、协调地完成各种动作。例如，在跑步中做迅速改变方向、快速急停、迅速转体等。第二，运动员还可以集体跳大绳、双人跳绳、双摇跳绳、转体跳绳，以及立卧撑跳转体、跳起转体、屈体跳等。第三，运动员还可以做各种变换方向的追逐性游戏和，对各种信号刺激做出正反应答动作的反应练习，如，叫号追人、喊数抱团成组、反口令练习等。

2. 发展体操运动员专项灵敏素质的手段

各种滚翻、手翻、空翻练习；技巧动作组合练习；各种器械动作练习。

（二）注意事项

灵敏素质训练一般安排在训练课的前半部分，在练习者体力充沛、精神饱满时进行。

在进行灵敏素质训练时，教师应采用多种手段，消除学生的恐惧心理或紧张状态，以保证训练取得良好的效果。

第三节 基本姿态练习

对体操运动员完成各种动作所表现出来的正确姿势和优美形态起到基础和关键作用的姿态统称为体操基本姿态。

运动员在完成动作时所表现出来的体操意识和特有的风格必须经过严格的体操姿态训练。体操规则中规定了运动员在完成动作时出现勾脚、屈膝及不符合体操要求的任何姿势都要扣分，而体操本身是要求具有高度艺术性的项目，完成每个动作都要有美的感觉，因此，必须进行严格的姿态训练。体操的姿态训练必须从基础练起，其方法可以通过舞蹈、把杆，以及运动员在器械上、空中和落地时身体保持正确的姿态进行练习。

一、原地基本姿态练习

（一）手臂位置

手臂位置如图 6-3-1 所示。

图 6-3-1 手臂位置

一位：两臂成弧形于前下方，指尖相对，掌心稍内向。

二位：两臂保持弧形前举（稍低于肩），掌心内向。

三位：两臂保持弧形上举（食指对眉梢），掌心向内。

四位：一臂在三位，另一臂在二位。

五位：一臂在三位，另一臂在二位。

六位：一臂在二位，另一臂保持弧形侧举，掌心向前下方。

七位：两臂保持弧形侧举，掌心向前下方，肘稍向上抬。

（二）脚的基本站位

脚的基本站位如图 6-3-2 所示。

图 6-3-2　脚的基本站位

一位：脚跟靠拢，脚尖向外使两脚成一条横线，两腿外旋，腿内侧靠拢，脚底均匀地贴于地面。

二位：动作同一位，脚跟间距约一脚长，体重均匀地落于两脚。

三位：开两脚横向，前后平行站立，前脚跟紧贴后脚弓的内侧。

四位：开两脚横向，前后平行站立，两脚间距约一脚长，重心落于两脚间。

五位：开两脚横向，前后平行站立，前脚外侧紧贴后脚内侧，两腿夹紧。

（三）手臂波浪（以左臂为例）

手臂波浪如图 6-3-3 所示。

图 6-3-3　手臂波浪

左肩向前转动，以左肩向上带动上臂、前臂、手腕、手指依次向上移动，肩、肘、腕、指关节依次弯曲，并随之依次向下伸展。

（四）身体波浪（前、侧、后）

1. 身体向前波浪

由半蹲上体前屈开始，膝、髋、腹、胸、颈依次向前上方挺出，经含胸、低头、挺髋的反向变曲，上体大幅度后屈，两腿积极蹬伸，身体各关节由下至上依次伸展还原成直立（图 6-3-4）。

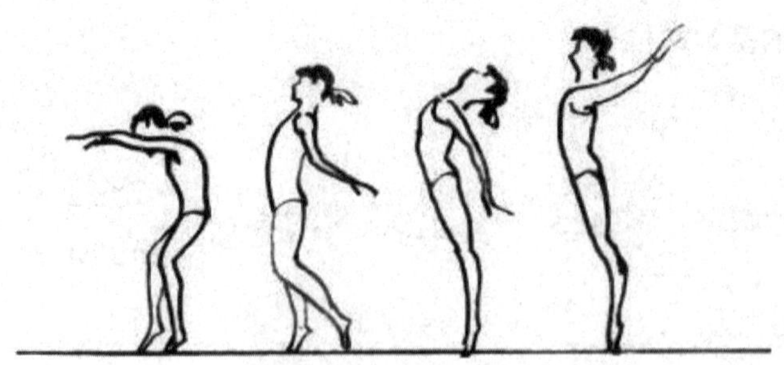

图 6–3–4　身体向前波浪

2. 身体向后波浪

由站立开始，上体后屈，膝、髋、腰、胸、颈各关节依次前屈，经挺胸抬头、屈髋的反向弯曲姿势，依次弓背、含胸、低头至上体前屈姿势，同时手臂经后下绕至前下方（图 6–3–5）。

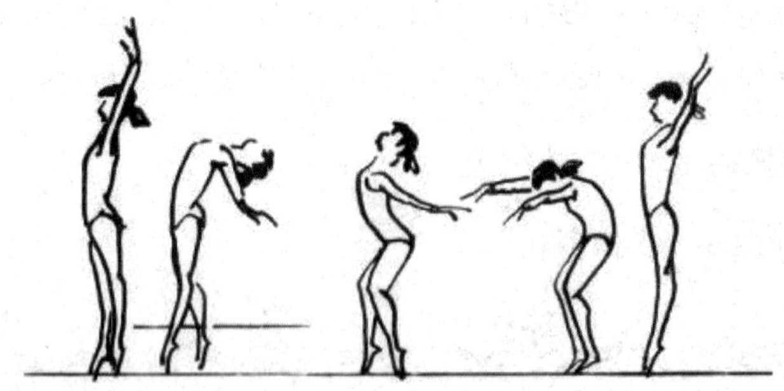

图 6–3–5　身体向后波浪

3. 身体向侧波浪（以左侧波浪为例）

由左脚侧点地、两臂右侧上举、上体左侧屈开始，右腿、左腿依次屈膝向左侧移重心的同时，髋、腰、胸、头依次经前屈向左侧上方挺出至左腿直立，右脚尖侧点地，上体右侧屈，两臂随之经下摆至右上方（图 6–3–6）。

图 6–3–6　身体向侧波浪

二、行进间基本姿态练习

（一）提踵立

用前脚掌站立，重心应落在前面的 3 个脚趾之间。有双脚和单脚的提踵立，以直膝立为多，要求膝部挺直，也可屈膝提踵立。

（二）提踵走（足尖步）

这是用前脚掌落地的一种走步姿势，身体重心应尽量向上，两肩下沉，行进时脚面绷直略向外转，步幅以绷脚前伸重心前移时拇趾着地的位置为宜，前脚掌落地时重心应在前面 3 个脚趾之间。

（三）柔软步

两脚平均地交替行进，行进时要求脚面绷直略向外转，由拇指自然过渡到全脚掌着地，重心前移，身体正直，两眼平视，两臂从肩以下自然摆动。

（四）滚动步

由右（左）脚站立，左（右）腿屈膝向前，绷足尖垂直触地开始，重心向上提起经提踵立交替为左（右）腿屈膝向前，足尖垂直触地，如此反复交替，可以在原地或原地变换方向做，也可以向前或向后行进做。

（五）弹簧步

提踵立开始，一脚前伸重心前移由拇指经前脚掌到全脚掌落地，随着屈膝屈髋经半蹲部位后直膝向上立踵，另一腿继续向前做以上动作，这是向前弹簧步。

（六）变换步（前、侧）

以向前为例，自然站立，两臂侧举。左脚向前柔软步，右脚并左脚成丁字步，同时两臂向下至一位。左脚向前柔软步，重心前移，右腿伸直脚尖后点地，同时右臂前举，左臂侧举（向侧变换步动作方法相同于向前，只是脚步移动方向要改变）。

（七）华尔兹步

动作为 3/4 节奏，两脚交替行进 3 步，第 1 步为弹簧步，由足尖落地过渡至全脚掌着地并屈膝半蹲，第 2 步和第 3 步为足尖步。

（八）柔软跑

与一般跑类似，两脚交替有短暂的腾空过程。步幅要求均匀，而步伐极似柔软步，出脚时绷脚面，由足尖过渡至全脚掌落地，重心稍向前，可以向前、向后跑，也可以改变成各种步幅和步速的跑步。

（九）挺身跳

双脚蹬地原地高跳，要求在空中把身体伸展挺开，并且经过一个短暂的“停留”再落地，可做并脚或分腿的向后挺身跳，要求把胸、腰、髋同时尽量向后伸展，向侧挺身跳则要求胸、腰、髋向侧充分挺开。

（十）团身跳

原地高跳，空中团身，屈膝收小腿，并注意两肩向内，含胸低头，两臂一般高举或前下举，落地时两腿要有伸直过程再落地半蹲。

（十一）前屈体跳

两腿经半蹲蹬地跳起，在空中上体前屈，两腿前举，两臂前伸，手触脚尖上体与两腿间小于90º，两腿前举时可以并腿也可以分腿，双脚落地。

（十二）分腿跳

有前后分腿跳和左右分腿跳，由双腿半蹲蹬地跳起，在空中一腿向前，一腿向后同时分开135º以上，或两腿左右同时分开135° 以上，要求上体正直。

（十三）结环跳

有双腿结环跳和单腿结环跳，原地双脚跳起，空中上体与两脚均向后屈抬头，臂后上举，使腿与头联结成环形为双腿结环跳，两腿并拢或两膝分开均可。单腿结环跳只需一腿后屈与头联结成环形，另一腿前伸。

（十四）向前大跨跳

跨跳是一脚蹬地，另一腿跃出后落地的跳步。向前大跨跳即一脚蹬地，另一腿向前踢起跃出一大步，并在空中两腿前后分开135° 以上。上体直，重心稍向前，两臂可一前一后摆动，可以经前向侧摆动或上举。要求步幅大，两腿分开

180º 更好，并要有一定的高度，即称为劈腿跨跳。

（十五）跨跳结环

向前大跨跳时，一腿前伸，另一腿后屈与头连接形成单腿结环形。

（十六）鹿跳

鹿跳是大跨跳的一种变化，一般由跑动或滑步连接。向前跨跳在空中大分腿时，前腿弯曲，后腿直膝，由前单脚落地，两臂动作可以变换。

（十七）鹿跳结环

这是鹿跳的一种空中姿势，前腿屈膝后腿屈并与后屈的上身构成结环。

（十八）猫跳

向前交换脚跳亦称为猫跳，动作同向前直膝交换腿，只是在腾空时，屈膝交换腿。该动作可由助跑两步连接或用并步跳连接。

（十九）狼跳

双腿起跳，空中阶段为左腿伸直，右腿弯曲的姿势，弯曲腿的膝盖与伸直腿膝盖并拢。双臂从后向前带起，在空中成双臂前举的姿势。

（二十）羊跳

原地双脚跳起，空中上体与两脚均向后屈抬头，双臂后上举，使腿与头联结成环形为双腿结环跳，两腿并拢或两膝分开均可。

（二十一）交换腿跳

交换腿跳又称剪跳，是单脚蹬地跳起空中两腿交替摆动，单脚落地的动作，可以向前或向后交替摆动。向前交换腿跳时右腿向前一步蹬地跳起，左腿直膝向上方踢起，下落时右腿直膝向上方踢起，形成空中两腿交替摆后左脚落地。同样动作两腿向后交替摆动为向后交换腿跳。

（二十二）单腿立转

单腿立转以一脚支撑为轴的转体，只有提踵立才能转，为此通称为立转。一般为快速旋转360º以上，另一腿可能任意变换姿势，与身体、两臂的配合可形成丰富多彩的姿态。

（二十三）向前踢腿跑

右腿蹬地向上跳起，同时左腿向前上方45º踢出，保持伸直，落地前双腿交换，右脚支撑落地。上体保持直立或后倾，配合脚下动作双手可以叉腰也可变换手臂动作。此动作可连续进行。

（二十四）向后踢腿跑

向后踢腿跑与跑步动作相似，但弯曲腿尽可能后踢，脚尖绷直。配合脚下动作双手可以叉腰也可变换手臂动作。此动作可连续进行。

（二十五）并步跳（前、侧）

右脚站立，左脚尖前点地，两臂侧举，左脚向前一步（经弓步），两脚同时蹬地跳起，腾空时两脚并拢呈“丁”字形，然后右脚落地，左脚前点地（向侧动作方法同向前相同，只是脚步移动方向改变）。此动作可连续进行。

（二十六）吸腿跳

上体（头至臀）正直单腿向上提膝，膝关节最低为90º。小腿直，绷脚面，并贴于支撑腿的膝部或小腿内侧。

（二十七）踏点跳

动作由右脚向前一步屈膝，左脚在右脚后点地至半蹲，接着两脚点地向前上方跳起，腾空时前后大分腿（前腿低，后腿高），上体正直，两臂经下向前上摆，右脚落地经半蹲成站立，左腿后举。

（二十八）变身跳

左脚上步蹬地向上跳起，同时右腿向前上方踢起，腾起后在空中转体180º，左脚落地，右腿后举。双臂从后向前带起，在空中成三位手的姿势。落地时双臂成侧举。

（二十九）变身交换腿跳

与变身跳的动作基本相同，但在空中阶段两腿交换，右腿落地，左腿后举。

（三十）向后直膝交换腿跳

左脚向前一步屈膝半蹲，右腿后摆，随即左腿蹬地起并后摆与右腿在空中交换一次，右脚落地稍屈膝，左腿后点地，同时两臂经前向后上方摆，或侧举。

参考文献

[1] 刘宪春．高中体育教学中学生身体素质提升的策略 [J]．黑河教育，2022（5）：67–68．

[2] 李文晶．初中体育教学中学生核心素养培养策略探究 [J]．中国多媒体与网络教学学报（下旬刊），2022（5）：191–194．

[3] 杨志强．中考体育改革视域下初中体育教学创新 [J]．新体育，2022（6）：61–63．

[4] 我国体育中考改革价值取向的嬗变与诉求 [C]．第十二届全国体育科学大会论文摘要汇编——专题报告（学校体育分会），2022：951–953．

[5] 体育运动对我国中学生身体素质影响的 Meta 分析 [C]．第十二届全国体育科学大会论文摘要汇编——墙报交流（学校体育分会），2022：1178–1180．

[6] 体育中考嬗变的回溯与展望 [C]．第十二届全国体育科学大会论文摘要汇编——墙报交流（学校体育分会），2022：1157–1158．

[7] 顾梦月．中考改革视角下学校体育发展效应和路径探索 [J]．青少年体育，2022（3）：94–95．

[8] 张杰．如何促进初中体育教学中学生的个性发展 [J]．冰雪体育创新研究，2022（4）：98–100．

[9] 方杰．初中体育教学中学生体能的提升策略 [J]．第二课堂（D），2022（2）：56–57．

[10] 苏奕斌．高中学生终身体育意识的培养 [J]．高考，2022（5）：171–173．

[11] 何世谦．初中体育教学中学生体育意识的培养 [J]．华夏教师，2021（35）：91–92．

[12] 张龙，卢春天，陈保学．体育锻炼影响中学生学业成绩的路径 [J]．青年研究，2021（6）：70–82，93．

[13] 殷建林，陈军，王建新，等．体育中考与中学生社会支持及应试焦虑的关系 [J]．体育科技文献通报，2021，29（11）：48–50．

[14] 王家臣，高燕．体育活动中学生意志品质的培养策略 [J]．黑龙江科学，2021，12（21）：160–161，164.
[15] 易强，杨焱，杨帆．体育行为文化对高校学生心理健康发挥的促进效能 [J]．黑河学院学报，2021，12（05）：99–101.
[16] 张敏．家校合作培养学生健康体育行为的策略探究 [J]．当代家庭教育，2021（10）：19–20.
[17] 刘艳玲，郭莹．夯实健康教育，培养学生健康体育行为 [J]．中国学校体育，2020，39（5）：68.
[18] 王志林．学生体育行为坚持性动机的具体表现——以小学生为例 [J]．文体用品与科技，2019（7）：105–106.
[19] 刘一民，刘翔．青少年学生体育行为的本真、异化与回归 [J]．北京体育大学学报，2017，40（5）：66–72，99.
[20] 刘婵娟．关注学生体育行为习惯的方法和策略 [J]．新课程（上），2016（7）：199.
[21] 石卫红．引导学生形成良好的体育行为习惯之五要 [J]．新课程（中学），2013（3）：28.
[22] 陈正江．教师体育行为对学生的影响 [J]．吉林教育，2011（8）：21.
[23] 张民．培养学生良好体育行为习惯的策略与建议 [J]．中国学校体育，2010（12）：88.
[24] 蒋亚文．论健康与学生的不良体育行为 [J]．河南农业，2008（8）：54–55.
[25] 陶宽，严月芳．影响学生体育行为的环境因素探析 [J]．安徽技术师范学院学报，2004（1）：70–72.
[26] 刘昌迅．新世纪培养学生终生体育行为的教学探讨 [J]．陕西师范大学学报（哲学社会科学版），2003（S1）：242–244.
[27] 吴延宏．浅谈体育教师对学生体育行为的影响力 [J]．宿州教育学院学报，2003（1）：118–119.
[28] 李莉，韩天舒．体育教师如何激发学生的体育行为动机 [J]．沈阳电力高等专科学校学报，2002（1）：64–66.
[29] 王秀美．重视学生体育行为的思想品德教育 [J]．化工高等教育，1998（4）：66–68，37.
[30] 王景连，韩素梅．学生的体育行为模式管理 [J]．中国学校体育，1995（4）：33.